对外汉语教学理论实践研究

刘 薇◎著

吉林出版集团股份有限公司

图书在版编目（CIP）数据

对外汉语教学理论实践研究 / 刘薇著. — 长春 ：
吉林出版集团股份有限公司，2024.6
ISBN 978-7-5731-5080-6

Ⅰ．①对… Ⅱ．①刘… Ⅲ．①汉语－对外汉语教学－
教学理论－研究 Ⅳ．①H195.1

中国国家版本馆 CIP 数据核字（2024）第 110860 号

对外汉语教学理论实践研究
DUIWAI HANYU JIAOXUE LILUN SHIJIAN YANJIU

著　　者	刘　薇
责任编辑	张继玲
封面设计	林　吉
开　　本	710mm×1000mm　　1/16
字　　数	182 千
印　　张	14
版　　次	2024 年 6 月第 1 版
印　　次	2024 年 6 月第 1 次印刷
出版发行	吉林出版集团股份有限公司
电　　话	总编办：010-63109269
	发行部：010-63109269
印　　刷	廊坊市广阳区九洲印刷厂

ISBN 978-7-5731-5080-6　　　　　　　　　　　　定价：78.00 元

前　言

随着全球化的深入发展，国际交流与合作日益频繁，语言作为沟通的桥梁，其重要性无须多言。汉语，作为世界上使用人数最多的语言之一，正逐渐成为国际交流的热门语言。因此，对外汉语教学作为推广汉语和传播中华文化的重要途径，其理论与实践研究显得尤为重要。

对外汉语教学是一门综合性学科，涵盖了语言学、教育学、心理学、跨文化交际等多个领域的知识。在过去的几十年里，对外汉语教学取得了长足的发展，不仅在教学方法、教材编写、评估体系等方面取得了显著的成果，而且培养了大批优秀的汉语教师和学者。然而，面对复杂多变的国际环境和多元化的学生需求，对外汉语教学仍存在诸多挑战和问题。

学生群体的多样性是对外汉语教学面临的一大挑战。来自不同国家、不同文化背景的学生在语言基础、学习动机、学习习惯等方面都存在差异。这就要求教师在教学过程中充分了解学生的特点，采用灵活多样的教学方法，以满足不同学生的需求。文化差异也是对外汉语教学中不可忽视的因素。语言和文化是密不可分的，学生在学习汉语的过程中，不可避免地会接触到中国文化。然而，由于文化差异的存在，学生在理解和接受中国文化时可能会遇到困难。因此，教师在教学过程中，要注重培养学生的跨文化交际能力，帮助他们更好地理解和适应中国文化。

由于笔者水平有限，本书难免存在不妥甚至谬误之处，敬请广大学界同仁与读者朋友批评指正。

刘　薇

2024 年 1 月

前　言

目　录

第一章　对外汉语教学概述

第一节　对外汉语教学的发展历程

中华民族同世界各民族友好往来的历史悠久，对外汉语教学的历史也是如此。中国同世界各国交往的密切程度以及国力的强弱直接影响着对外汉语教学的兴衰。西汉时，我国周边的少数民族就有人来当时的长安学习汉语。而中国真正对外国人进行汉语教学的历史可以追溯到东汉。至唐代，由于国力强盛，世界上许多国家都派留学生来中国学习，如日本派遣了十几次"遣唐使"，每批几百人；新罗统一朝鲜半岛后，也派遣留学生到长安，每批有百余人。以后的各个朝代也都有留学生来中国学习，其中《老乞大》《朴事通》等就是明初教朝鲜人学习汉语口语（北京口语）的教材。而明末金尼阁的《西儒耳目资》和清末威妥玛的《语言自迩集》可算当时影响较广的汉语教材。民国时期，中国政府也同外国政府交换了少数留学生，当时也有许多知名学者先后从事过对外汉语教学相关工作。如老舍先生在1924—1929年间，在英国伦敦大学东方学院担任汉语讲师，他当年讲课的录音至今还保存在伦敦。

虽然对外汉语教学的历史可以追溯到很早，但直至中华人民共和国成立以后，对外汉语教学才逐渐成为一门学科和一项语言教育事业。目前这项事业正以崭新的姿态面向世界，迎接未来。

我国的对外汉语教学事业从 20 世纪 50 年代初开创至今，已有 70 多年的历史。这 70 多年来，对外汉语教学事业大体经历了以下几个发展阶段。

一、初创阶段（20 世纪 50 年代初期—20 世纪 60 年代初期）

1950 年，当时东欧的捷克斯洛伐克和波兰分别向中国提出交换留学生的要求。在国家领导人的关怀下，我国决定同这两国各交换 5 名留学生，同时又主动同罗马尼亚、匈牙利、保加利亚、朝鲜等国各交换 5 名留学生。为此，教育部在清华大学设立了东欧交换生中国语文专修班，共接受了来自东欧国家的 33 名留学生。"清华大学东欧交换生中国语文专修班"是我国第一个专门从事对外汉语教学的机构。该班于 1951 年初正式开课，学制两年。著名语言学家吕叔湘任清华大学外籍留学生管理委员会主席并兼管专修班的业务工作，任课教师有 6 名，包括曾在美国和英国教过汉语的邓懿、王还。1952 年暑假，由于全国高等学校院系调整，该班调到北京大学，更名为"北京大学外国留学生中国语文专修班"。班主任是北京大学教务长周培源，副主任是郭良夫。

1953 年，按照越南的要求，中国政府在广西桂林开办了专门培养越南留学生的中国语文专修学校，同时也接受一批朝鲜留学生。该校于 1957 年停办。

1960 年 9 月，我国政府在北京外国语学院设立了非洲留学生办公室，接收获得民族独立的非洲国家的留学生。

1961 年，非洲留学生办公室与北京大学外国留学生中国语文专修班合并，改名为"北京外国语学院外国留学生办公室"。这样，除北京大学尚未结业的留学生仍留在原校学习外，其他学习汉语的留学生和大部分对外汉语教师集中到了北京外国语学院。1961 年，我国在校留学生总数为 471 人。

从 1951 年至 1961 年，我国共接受 60 多个国家的留学生 3315 人。他们接受的都是汉语预备教育，首先学习汉语一至两年，然后分配到有关院校学习相应专业。

除了正规的学校教育，其他形式的对外汉语教学有：对驻华外交人员的汉语教学，向越南、匈牙利、保加利亚等国派遣汉语教师（1952 年，根据政府间协议，著名语言学家朱德熙等人首次赴保加利亚教授汉语，这是新中国成立后我国向海外派遣教师教授汉语的开始），开创了刊授或函授教学（《中国建设》杂志于 1955 年开设了"中文月课"，厦门大学于 1956 年创办了华侨函授部）。

为满足出国师资的需求，从 1961 年开始，中国高等教育部从一些大学中文系挑选优秀应届毕业生到北京外国语学院和北京大学进修外语，期限三年，作为出国汉语教师的后备力量。这时的培训只是外语培训，不是全面对外汉语教学的专业培训。

总之，初创阶段奠定了我国对外汉语教学事业的基础，其主要特点是：从无到有，成立了专门的教学机构；初步建立了预备教育体系，除学校教育外，发展了刊授、函授及对驻华外交人员的汉语教学，并向国外派遣汉语教师；培养了一支具有一定外语水平的对外汉语教师队伍。存在的问题是：教学机构不够稳定；教学类型单一，主要是汉语预备教育；教学规模相对较小。

至此，对外汉语教学理论的研究已经开始，能见到的最早的论文是周祖谟的《教非汉族学生学习汉语的一些问题》。教学理论研究的主要成就是：明确了对外国人和外族人的汉语教学不同于对我国汉族学生的"语文"教学，指出要针对非汉族成年人学习"汉语"的特点进行教学；明确了对外国人和非汉族人的汉语教学是培养实际运用汉语的能力；指出了结合汉语教学需要加强汉语研究的必要性。

受教学理论的影响，初创阶段对外汉语教学法的主要特点是：把传授语言知识和培养应用汉语的能力放在同等重要的地位；基本的词汇教学和比较系统的语法知识的讲授是教学的重点，以帮助学生在理解的基础上学习和掌握语言，课堂教学基本采用演绎方式；语法教学的特点是句本位和结构形式分析；技能训练上，从培养口语能力入手，逐步过渡到阅读和写作，培养学生的四会能力；教学方法多样，有翻译法、比较法、直接法等。由于当时对教学法还缺少全面的研究，在具体操作上存在一定的重知识讲授轻语言实践的倾向，也确实有带翻译唱双簧的情况，更没有涉及交际文化。

1958 年，我国第一部对外汉语教材《汉语教科书》正式出版，它以语法为主线，按照由浅入深、循序渐进的原则编排，为建立对外汉语教学语法体系奠定了基础。该教材集中体现了本阶段的教学理论和教学方法。

二、巩固和发展阶段（20 世纪 60 年代初期—20 世纪 60 年代中期）

20 世纪 60 年代以后，随着我国国际地位的提高，我国接受外国留学生和向国外派遣留学生的规模扩大。为加强统一领导和集中管理，1962 年，经国务院批准，北京外国语学院外国留学生办公室和出国留学生部合并，成立了外国留学生高等预备学校。该校的成立使我国的对外汉语教学有了一个稳定的基地，是对外汉语教学事业发展的重要标志。外国留学生高等预备学校建设规模进一步扩大，除了对外国留学生进行汉语预备教育外，还试办汉语翻译专业；从 1964 年开始，培养储备出国汉语师资的任务也转到这里。因此，高教部决定于 1965 年 1 月将该校正式更名为北京语言学院（1996 年易名为北京语言文化大学、2002 年改为北京语言大学）。迄今为止，该校仍是我国唯一一所以对外汉语教学与研究为主要任务的高等学校，在教学、科研、师资培养和学术交流等方面一直发挥着基地、骨干和带头作用。

1965 年暑期，越南政府向我国派遣了 2000 名留学生。这些学生被分到北京语言学院、北京大学、中国人民大学等 23 所高校接受汉语预备教育，初步形成了以北京语言学院为中心，包括全国几十所高校有关教学单位的一批对外汉语教学机构。受高教部的委托，1965 年暑期，北京语言学院为 22 所院校准备教授越南留学生的教师举办了培训班，这是我国第一次举办全国性的对外汉语教师培训班，对我国以后的对外汉语教学起了很大的推动作用。

从 1962 年到 1965 年，我国共接受外国留学生 3944 名，超过了前 11 年的总数。1965 年底在校留学生达到 3312 人，为 1961 年在校生的 7 倍多。为了加强各院校对外汉语教学经验的交流，高教部决定由北京语言学院创办《外国留学生基础汉语教学通讯》，这是我国第一个关于对外汉语教学的专业刊物，于 1965 年创刊，共出版了 11 期。

本阶段其他教学形式也有所发展。中国国际广播电台于 1962 年开办了学中国话和汉语讲座节目；厦门大学华侨函授部于 1962 年扩充为海外函授部；向外国派遣汉语教师的人数和国家也有所增加，包括非洲的埃及、马里、刚果，亚洲的柬埔寨、也门，欧洲的法国等。

当时的师资培养有了另一种模式。1964 年 5 月，北京语言学院设立了出国汉语师资系，开始招收本科生，专门培养对外汉语教师。由于从事对外汉语教学业务的主要条件是既懂中文，又懂外语，所以教学内容一部分是中文专业课程，另一部分是外语专业课程。

总之,从 1962 年到 1966 年上半年短短的几年内,我国的对外汉语教学事业得到了巩固,并出现了良好的发展势头:教学规模不断扩大,学生数量大大增加;有了稳定的教学机构,以北京语言学院为基地,教学点遍布全国;教学类型上,在巩固、发展汉语预备教育的同时,又增加了汉语翻译专业;形成了以学校教育为主,辅以多种教学形式的教育体系;师资队伍不断扩大,1961 年和 1962 年入学的储备出国汉语教师先后完成了外语进修任务,走上了工作岗位,专业刊物的创办为教学与科研提供了获取信息的平台。

这一阶段,对外汉语教学理论研究的重点是总结新中国成立以来的教学经验,钟梫的《钟梫对外汉语教学初探》[①] 反映了这一点。在总结经验的基础上,进一步明确教学特点、教学要求和教学原则,努力促进教材、课堂教学方法等规范化发展。提出了教学内容与学生专业相结合的学以致用的教学要求;确定了"精讲多练、课内外结合"的实践性教学原则;作出了"语文并进",全面训练听说读写,阶段侧重的教学安排;明确了语法的系统性与课文的生动性相结合的教材编写方式及尽可能使用汉语进行课堂教学的相对直接法。

本阶段的教学法随着理论研究的深入进行了一些改进,进入改进阶段,其主要特点是:加强了教学的针对性,教学内容结合理工科学生专业学习的需要;贯彻实践性原则,实行"精讲多练",将听说技能的训练放到语言教学的首位,课堂教学基本上采用归纳的方式;教学方法改用了相对直接法,在必要时才使用学生的母语。但这一阶段以传授系统语法为中心的局面并没有改变,整个教学还带有过分倚重局部经验,偏于主观、保守的倾向。

---

① 钟梫.钟梫对外汉语教学初探[M].北京:北京语言大学出版社,2006.

本阶段还编写了《基础汉语》①，直至 1971 年修改后才正式出版，1972 年又出版了和它相衔接的《汉语读本》②。这套教材突出和强调了实际语言在教材中的地位，是实践性原则和相对直接法的直接体现。教材在语法解释、词语例解、近义词例解等方面取得了较大的成就，但它的交际性、知识性、趣味性和实用性尚不够理想。

1966 年受历史原因的影响，所有高等院校被迫停课，北京语言学院也于 1968 年开始停课，其他形式的对外汉语教学都被迫中断了。只有《中国建设》上的"中文月课"和对驻华外交人员的汉语教学得以幸存，向国外派遣教师的工作也没有完全中断。

三、恢复阶段（20 世纪 70 年代初期—20 世纪 70 年代后期）

20 世纪 70 年代初，国际形势发生了变化，我国的对外关系有了较大进展。1971 年 10 月中国在联合国的合法地位得到恢复。1972 年 2 月美国总统尼克松访华，中美签署了《上海联合公报》。同年 9 月中日双方发表联合声明，实现邦交正常化。1973 年 12 月联合国大会第 28 届会议一致通过把汉语列为大会和安理会的工作语言之一。

此时部分高等学校已恢复招生，许多由于历史原因中断在华学习的留学生要求复学。1972 年，有 40 多个国家要求向我国派遣留学生。1972 年 6 月，北京交通大学首先接受了 200 名坦桑尼亚、赞比亚铁路专业技术人员，并教授汉语。1972 年 10 月，周恩来总理亲自批示恢复北京语言学院。经过半年多的紧张筹备，北京语言学院于 1973 年秋季开始招生。当年共接受 42 个国家的 383 名学生。该

① 商务印书馆.基础汉语 [M].北京：商务印书馆，1971.
② 商务印书馆.汉语读本 [M].北京：商务印书馆，1972.

校同时成立了我国第一个从事对外汉语教材编写和对外汉语教学研究的机构——编辑研究部。同时，北京大学、复旦大学等一批院校也陆续成立对外汉语教学机构，为在本校学习专业课的留学生补习汉语。由于历史原因的严重冲击，当时的对外汉语教学在各方面都面临着重重困难，接受留学生的能力仍然非常有限。从1972年至1977年，我国共接受留学生2266名，1977年在校留学生总数为1217人。来自日本和欧美学习文科专业的学生数量比例明显上升。

本阶段其他形式的对外汉语教学也得到了恢复。中国国际广播电台于1973年和1976年分别恢复了汉语讲座和学中国话两个节目。

师资力量不足是本阶段我国对外汉语教学所面临的最突出的问题。为了帮助一些新教师尽快提高业务水平和教学能力，北京语言学院举办了多期时间长短不等的对外汉语教师培训班，为我国对外汉语教学事业的恢复和发展做出了贡献。

这一阶段的对外汉语教学理论研究更加深入，论文主要发表在《语言教学与研究》上，如吕必松的《汉语作为外语教学的实践性原则》、杨俊萱的《课堂教学的"死"与"活"》、郑万鹏的《怎样对留学生进行〈文章选读〉课教学》、林焘的《语音教学和字音教学》、石佩文和李继禹的《听力训练在语言教学中的作用》，等等。理论研究的主要特点是：侧重于研究解决教学中的具体问题，对课堂教学开始从总的教学原则、具体课型的教学、语言内容的教学和语言技能的训练等不同角度进行研究；注意把理论研究、教学试验和总结实践经验结合起来；加深了对实践性原则的认识，明确了实践性原则不但要体现在课堂教学中，而且要体现在教材中，要贯穿在整个教学体系中；在论述具体教学问题时，较多地受到"听说法"及其理论基础——结构主义语言学和行为主义心理学"刺激—反映"理论的影响，比如在对语言技能训练的认识上，基本倾向是主张加强听说训练。但研究范围仍显偏狭，未上升到学科建设的高度，局限于教学原则和课堂教学的范围之内。

对外汉语教学事业的恢复阶段差不多也正是教学法的探索阶段（20世纪70年代初到80年代初）。受教学理论的影响，对外汉语教学经历了一个听说法（句型法、结构法）为主的综合法教学时期。引进了句型教学，又继承了以往重视语法教学，重视学生母语的教学传统，形成了一个以"结构"为纲兼顾传统法的综合教学法。但仍在一定程度上忽视了语言的交际功能，比如有些语句全然是为了练习语法点而设计的，不够自然和真实，实用性较差。另外，本阶段在加强语言技能训练方面开展了一些教学试验，如直接用汉字教语音和汉字教学提前的试验，分听说和读写两种课型进行教学的试验，改革精读课、加强听力和阅读教学等。

1977年出版的《汉语课本》①首先按照句型教学，把句型、课文和语法结合起来。试验结果表明，结合句型进行教学有利于加强听说训练，有利于提高学生的口头表达能力。但由于教材内容的政治色彩过于浓厚，不利于汉语基础教学。1980年出版的《基础汉语课本》②是当时按照结构法编写的一部最成熟的教材，它以结构为纲，以常用句型为重点，通过替换等练习使学生掌握语法点，通过课文训练学生综合运用汉语的能力。

四、蓬勃发展阶段（20世纪70年代末以后）

党的十一届三中全会决定实行改革开放政策，中国经济快速发展引起了国外的极大关注，随之在世界上掀起了一股"中国热"，"中国热"又引起了"汉语热"。

---

① 北京语言学院. 汉语课本 [M]. 北京：商务印书馆，1977.
② 北京语言学院. 基础汉语课本 [M]. 北京：外文出版社，1980.

对外汉语教学事业在这样一个大环境中获得蓬勃发展。

（一）建立了国家专门的领导管理机构

随着对外汉语教学的迅速发展，迫切需要加强统一领导和对各方面的工作进行协调。1987 年 7 月，国务院批准成立了国家对外汉语教学领导小组，统一领导和协调全国的对外汉语教学工作，由国家教委归口管理。其任务是：①在国务院的领导下，负责制定国家开展对外汉语教学工作的方针政策、发展战略、事业规划以及有关规定，②审定在汉语教学方面的援外计划和对外交流与合作的大项目，③协调有关部委和省、自治区、直辖市的对外汉语教学工作，④领导中国对外汉语教学学会，⑤处理对外汉语教学工作中的重大问题，⑥审核对外汉语教学专项经费预算。领导小组成员由国家教委、国务院侨务办公室、国务院外事办公室、外交部、广播电影电视部（今国家新闻出版广电总局）、文化部、新闻出版署、国家语言文字工作委员会以及北京语言学院等单位有关领导组成。历任组长均由国家教育委员会（今教育部）的负责人担任，日常工作由其常设机构国家对外汉语教学领导小组办公室（简称国家汉办）负责。国家对外汉语教学领导小组的成立及其后来所做的大量工作，极大地推动了我国对外汉语教学工作的发展。

另外，由中华人民共和国第九届全国人民代表大会常务委员会第十八次会议于 2000 年 10 月 31 日通过的《中华人民共和国国家通用语言文字法》中规定，对外汉语教学应当教授普通话和规范汉字。这是我国第一部涉及对外汉语教学的国家法律。

（二）拥有了较为完善的教学体制

学校教育除汉语预备教育有了进一步发展以外，又有了一些新的教学类型。

对外汉语教学首先是出现了学历教育。1978 年，北京语言学院正式创办了外国留学生四年制现代汉语本科专业（1975 年开始试办），主要培养汉语教师、翻译和汉语研究人才，之后南开大学、南京大学、复旦大学等院校也相继设立该专业；1996 年北京语言文化大学又开设了外国留学生四年制中国语言文化本科专业，培养通用型语言文化人才；近年来，不少学校汉语言专业都招收外国留学生本科生。

1986 年，北京语言学院经批准开始招收现代汉语专业外国硕士研究生；1997 年，北京语言文化大学建立了对外汉语教学课程与教学论硕士专业以及带有对外汉语教学方向的语言学及应用语言学博士专业，1999 年开始招收攻读对外汉语教学方向博士学位的外国留学生，随后北京师范大学、中山大学、上海师范大学等院校也开始招收攻读该方向博士学位的外国学生。这样，对外汉语教学有了从学士学位到博士学位完整的学历教育体系。

其次是非学历教育有了新的类型。一是开办短期进修班。1978 年，北京语言学院创办了短期汉语进修班。从 1980 年开始，这种短训班迅速发展到了全国。期限一般 4 周至 16 周，少则一两周不等，按学生汉语程度编班，教学与旅游相结合。二是接收高级进修生。有些院校接受一些国家的大学中文系或中文专业的学生前来进修，也有些院校根据外国实业机构或友好团体的委托，为他们派遣的高级进修生举办进修班。这些来华进修汉语的学员大多已具有一定的汉语水平。

1978 年以后，北京、广州、厦门开始恢复华侨中文补习学校，为华侨学生补习汉语。

除学校教育为主以外，其他形式的对外汉语教学也有了很大程度的发展。1980 年，厦门大学海外函授部恢复，更名为"海外函授学院"。同年，北京市外国企业服务总公司成立了教学部。1981 年，北京外交人员服务局将汉语教研组改为"汉语教研室"，1984 年又发展成为"汉语教学中心"。中国国际广播电台在许多语种的广播中相继开办了汉语教学节目。中国黄河电视台在美国斯科拉卫星电视网开设的全中文教学频道于 1996 年 11 月 1 日开始试播，开辟了对外汉语远距离教学的新领域。1999 年，北京外国语大学完成了《汉语世界》光盘的制作。许多高等院校投资开发了对外汉语教学网站，如 2000 年 11 月 23 日正式成立的北京语言文化大学网络教育学院便是我国第一个专门从事对外汉语网络教学的二级学院。总之，对外汉语教学有了广播、刊授、函授、多媒体、网上中文教学、远程汉语教学等多种教学形式。

以上情况说明，本阶段的对外汉语教学逐渐形成了多渠道、多层次、多形式的教学体制，从而结束了只通过政府渠道招生和基本上仅限于汉语预备教育的历史。1988 年，在校长期留学生达到 5245 名（不包括通过校际交流来华的留学生人数），是 1977 年在校留学生人数的 4.3 倍。1997 年，在校留学生人数已达 43712 名，是 1988 年的 8 倍。仅 2001 年，来华以学习汉语为目的的外国留学生人数为 41512 人，占来华留学生总数的 79.6%，其中学历生 4103 人，非学历生 37409 人，另有远程教育生 1943 人（包括函授生 1328 人，网络学生 615 人）。留学生来自世界各地，其中西欧、日本、北美等发达国家留学生人数明显增加。自费留学生人数大幅增加，成为来华留学生的主流，其中 1998 年自费来华学习汉语的留学生人数达 7544 人，1999 年自费来华学习汉语的留学生人数达 14155 人。

（三）研发并推行汉语水平考试

1984 年，受教育部委托，初、中等汉语水平考试（HANYU SHUIPING KAOSHI，

HSK）开始启动，1985 年设计出第一套试卷并在外国留学生中进行测试。1986 年 HSK 正式列入国家教育委员会年度博士专项基金项目，6 月 26 日 HSK 首次在北京语言学院举行。1988 年 9 月《汉语水平考试等级标准和等级大纲》通过专家鉴定。1989 年 10 月，HSK（初、中等）在北京、上海、天津、南京、广州、大连、武汉等地举行。1990 年 2 月，HSK 正式通过专家鉴定，6 月 25 日，第一次正式的 HSK 同时在北京、天津、上海、大连 4 地举行，391 名外国考生参加了考试。1991 年 6 月、10 月、12 月分别在新加坡、澳大利亚、日本进行了 HSK 测试。1992 年，HSK 被正式确定为国家级考试。1994 年 6 月，HSK 分别在德国汉堡、意大利米兰和法国巴黎举行，HSK 首次推向欧洲。1989 年，HSK（高等）开始研制，1993 年 7 月通过专家鉴定，同年 12 月在新加坡正式举行了考试。HSK（基础）于 1995 年开始研发，1997 年 11 月正式通过专家鉴定，1998 年 1 月和 5 月分别在中国北京、天津、大连、广州和法国巴黎、波尔多举行测试。

1995 年，国内 HSK 考点 19 个，海外考点 23 个，全年 HSK 考生 12610 人。1996 年，国内考点 27 个，分布在 18 个城市，海外考点 24 个，分布在 16 个国家和地区，全年 HSK 考生 22445 人。当年还出版了《汉语水平考试语法大纲》。1998 年，HSK 考生总计 41000 多名（其中国内 35000 名，国外 6400 名），海外考点 34 个，分布在 18 个国家和地区。1999 年，HSK 在国内 37 个考点和国外 18 个国家和地区的 34 个考点实施，全年国内考生 63849 人，国外考生 6833 人。2000 年，海外考点 47 个，分布在 21 个国家和地区，国内共有 37 个考点，分布在 21 个省、市、自治区，全年 HSK 考生达 81674 人（其中国内 73347 人，国外 8327 人）。2001 年，HSK 在海外进一步扩大，海外考点 55 个，分布在 24 个国家和地区，国内共有 44 个考点，分布在 27 个省、市、自治区，国内考生达 23951 人（不包括少数民族参加人数），国外 12829 人。2002 年，国外 HSK 考生近 2 万人，国内近 4 万人。到 2004 年国内 HSK 考点已经有 59 个，海外考点已经有 90 多个。

HSK 是为测试第一语言非汉语者的汉语水平而设立的国家级标准化考试。实行统一命题、考试、阅卷、评分，并统一颁发证书。国家教育委员会设立的国家汉语水平考试委员会全权领导汉语水平考试，并颁发《汉语水平证书》。由国家对外汉语教学领导小组办公室和北京语言学院负责 HSK 的考务工作。

为了进一步推广和发展汉语水平考试，从 2003 年起国家又开始研发四种专项汉语水平考试：少儿 HSK、商务 HSK、旅游 HSK、文秘 HSK。

（四）开展较为广泛的国际交流

在大量留学生进入我国学习汉语的同时，由于世界汉语教学的发展和对外汉语教师需求量的增加，我国派出汉语教师的数量也在逐年增加。以 1987 年为例，我国通过政府渠道共派遣了 143 名汉语教师和汉语教学专家到 36 个国家的 69 所院校或机构从事汉语教学工作。近年来，派出人数大大增加。派出人员中除从事汉语教学外，还担任国外政府汉语教学顾问、帮助设计汉语课程和制定汉语教学大纲、主持或参加教材编写工作、培训国外的汉语师资、为电台或电视台制作汉语教学节目等一系列工作。

除政府渠道派出汉语教师以外，还有互派代表团、国外企业邀请、校际交流、应邀参加一些大型的国际汉语教学讨论会及邀请外国学者来华讲学等其他形式的交流。比如，1980 年美国派代表团在北京举行首次中美汉语教师交流会；从 1980 年起，日本广播协会（NHK）先后聘请我国中央人民广播电台播音员虹云、雅坤、王欢等参加 NHK"中国语讲座";1984 年以来,我国一些大学同国外的一些大学建立了校际合作关系,互派学者和留学生;20 世纪 80 年代,著名语言学家路易·G. 亚历山大(Louis G. Alexander)、黎天睦(Timothy Light)等曾被邀请来北京语言学院讲学;1989 年 12 月,以朱德熙为团长,主要由对外汉语教师组成的中国语言学代表团一行 23 人参加了在新加坡举行的世界华文教学研讨会。诸如此类的交流日益频繁。

(五)确立对外汉语教学学科

1978 年,在中国社会科学院召开的北京地区语言学科规划座谈会上,吕必松提出应当把对外国人的汉语教学作为一个专门的学科,应当在高校中设立培养这类教师的专业,并成立专门的研究机构。这一意见得到了广泛支持。

1983 年 6 月,参加筹备成立"中国教育学会对外汉语教学研讨会"的专家学者正式提出了"对外汉语教学"的学科名称。

1984 年 12 月,当时的教育部长何东昌在一次报告中明确表示:多年的事实证明,对外汉语教学正发展成为一门新的学科。

国家教委在其后颁布的我国学科专业目录中列入了"对外汉语"这门新的学科。

(六)创立专门的学术团体、学术机构和科研机构

为使对外汉语教学学科蓬勃发展,对外汉语教学界创立了专门的学术团体、学术机构和科研机构。

1983 年 6 月成立了中国教育学会对外汉语教学研究会,其宗旨是团结全国对外汉语教学工作者,推动本学科的理论研究,促进国内外的学术交流。第一任理事长是吕必松。1986 年改属新成立的中国高等教育学会,改名为中国高等教育学

会对外汉语教学研究会；1988 年又从中国高等教育学会独立出来，更名为中国对外汉语教学学会，秘书处设在北京语言学院。截至 2001 年底，该学会共有会员 1257 多人，至 2001 年 7 月共举行了七届学术讨论会，组织过多次国内外学术交流活动，并于 1996 年先后成立了该学会的北京、华东、华北、华南、东北五个地区的分会。

为了加强世界各地汉语教学与研究工作者之间的联系，推动世界汉语教学与研究的发展，1987 年在北京举行第二届国际汉语教学讨论会期间，各国代表协商成立了世界汉语教学学会，首任会长为朱德熙。截至 2001 年底，学会共有 1023 名会员，其中中国大陆地区 430 名，港澳台地区 92 名，海外 39 国共 501 名。国际汉语教学讨论会每三年举办一届，至 2002 年 8 月已召开了七届国际汉语教学讨论会。

1989 年 5 月，国家教委正式批准在北京语言学院成立世界汉语教学交流中心。该学术机构下设教师研修部、汉语水平考试部、信息资料部、声像制作部、教材编印部、对外联络部 6 个部，由国家对外汉语教学领导小组办公室和北京语言学院共同领导。该中心的成立为各国汉语教师参加培训和从事研究工作建立了稳定的基地，也为各国汉语教学工作者全面开展学术交流增加了新的渠道。

一系列的科研机构也相继建立。1984 年 11 月，经教育部批准，北京语言学院成立了语言教学研究所，这是我国第一个对外汉语教学的专门研究机构。下设汉语研究室、语言对比研究室、第二语言教学法及语言理论研究室、辞书教材研究室和情报资料中心。

1987 年与 1992 年，北京语言学院还先后成立了"语言信息处理研究所"和"中华文化研究所"。此外，中国社会科学院和国家语言文字工作委员会所属语言文字应用研究所也开展对外汉语教学研究。

（七）创办专业刊物，成立专业出版社

为推动对外汉语教学事业的发展，有关部门创办了专业刊物，成立了专业出版社。1979年9月，北京语言学院创办的内部刊物《语言教学与研究》正式出版，公开发行。该刊是我国第一个对外汉语教学的专业刊物。1984年初，对外汉语教学研究会创办了会刊《对外汉语教学》（内部刊物），共出版了8期。1987年3月，对外汉语教学研究会与北京语言学院语言教学研究所共同创办了《世界汉语教学》，出版预刊两期后，于同年9月转为世界汉语教学学会会刊。该刊与《语言教学与研究》均以较高的学术质量在国内外产生了广泛影响。1987年8月，北京语言学院创办了以外国留学生为主要对象的刊物《学汉语》。1993年又创办了《中国文化研究》。

此外，国家语言文字工作委员会有《语言文字应用》，延边大学有《汉语学习》，云南师范大学有《对外汉语教学与研究》，上海师范大学有《对外汉语研究》，还有一部分大学学报也开辟了对外汉语教学研究的专栏或出版专刊。暨南大学华文学院、厦门大学海外教育学院等定期出版华文教学和研究刊物，北京大学、中国人民大学、北京语言大学、南开大学、复旦大学、华东师范大学、上海外国语大学等则经常出版对外汉语教学研究专辑。

为了加强对外汉语教材与有关的工具书和教学参考书的编写出版工作，本阶段还成立了专门的出版社。1985年2月，成立了北京语言学院出版社。1986年1月，成立了华语教学出版社。另有一些大学的出版社和商务印书馆、上海教育出版社、语文出版社等也十分重视对外汉语教学用书的出版工作。

（八）开始培养专职对外汉语师资

以前对外汉语教师的培养是以一部分中文专业课程和一部分外语专业课程相组合的方式进行的，但这两类课程的组合不可能完全形成对外汉语教学所需要的知识结构和能力结构。

经教育部批准，一批院校相继开设了对外汉语本科专业以培养专职对外汉语教师。该专业的主要特点是根据对外汉语教学对教师知识结构和能力结构的要求设计课程和确定教学内容。1983 年，北京语言学院首先开设了这一专业。后来，北京外国语学院、上海外国语学院、华东师范大学、暨南大学等院校也开设了这一专业，目前有近 100 所大学设立了对外汉语本科专业。

1986 年，北京大学和北京语言学院开始培养对外汉语专业的硕士研究生。南开大学、南京大学、四川大学、华东师范大学、上海师范大学等院校也相继开始招收这一专业的研究生。

1992 年至 1995 年，北京语言学院从中文系和外语系毕业生中招收了四届对外汉语教学第二学位学士生。

1997 年，在北京语言文化大学开设了全国第一个对外汉语教学课程与教学理论硕士专业，并获准建立了全国第一个带有对外汉语教学方向的语言学及应用语言学博士学位点。这样，对外汉语的师资培养有了从本科到博士研究生的完整的学历教育体系。

同时，为了帮助在岗对外汉语教师完善知识结构和能力结构以及补充新知识，本阶段加强了对国内外在岗对外汉语教师的培训工作。据统计，自 1987 年至 1998 年底，北京语言文化大学共举办了 85 期汉语教师培训班，培训了海外 30 多个国家和地区、内地 60 多所大学的汉语教师共 1700 多名。另有部分高校也承担了海外师资培训工作。近年来，派到海外进行讲学、培训汉语师资的工作也从东南亚等周边国家发展到美国、加拿大等地。本阶段还通过邀请外籍专家来华讲学，选派在职教师进修一部分本科或研究生课程以及出国进修等形式来提高我国对外汉语教师的业务素质和理论水平。

为了使我国对外汉语教师的管理和培养进一步规范化和制度化，推动对外汉语教师素质的提高，1990 年原国家教育委员会颁布了《对外汉语教师资格审定办法》。1996 年，重新修订了《〈对外汉语教师资格审定办法〉实施细则》，使对外汉语教师资格审查工作更加科学和规范。自 1991 年以来，全国已有近 3000 人通过了对外汉语教师资格审定考试，获得了对外汉语教师资格证书。从 2005 年起对外汉语教师资格证书将改为对外汉语能力证书，相信今后会有更多的海内外人士获得这项证书。

（九）从学科建设的高度开展教学理论研究

这一阶段真正把对外汉语教学作为一门专门的学科，从学科建设的高度开展教学理论研究。论文主要发表在《语言教学与研究》《世界汉语教学》《语言文字应用》《汉语学习》《对外汉语教学与研究》等刊物，以及对外汉语教学学会的学术讨论会论文选和国际汉语教学讨论会的论文选、部分高校出版的对外汉语教学研究专辑上。

20 世纪 80 年代我国对外汉语教学理论研究的主要特点为：

第一，进行了对外汉语教学的宏观研究。主要是：①论述了本学科的性质和特点。明确了对外汉语教学既是一种第二语言教学，又是一种外语教学，而汉语本身的特点又决定了汉语作为第二语言和外语教学也有别于其他第二语言和外语教学。②提出了学科建设的任务。认为所面临的最紧迫的任务是进一步改革和完善教学体系，加强理论研究，加强教师队伍建设。③提出了总体设计理论。把语言教学的全过程归结为四大环节，即总体设计、教材编写、课堂教学和测试。总体设计的内容和程序是：根据教学对象的学习目的确定培养目标和教学要求；根据培养目标和教学要求确定教学内容；根据学生的自然状况、教学要求和教学内容确定教学法原则；根据教学要求、教学内容和教学法原则确定教学途径。

第二，对教学过程的各个环节和各项教学活动展开了全面的研究。

第三，对教学法原则的研究进一步深化。主要进展是：①引进了"交际性原则"的概念。从语言教学的本质看，交际性原则应高于实践性原则。②揭示了语言内容、语言技能、交际技能及文化背景知识的相关性和一致性。③提出了结构、情境及功能相结合的原则。

第四，提出了用不同的方法训练不同的语言技能。这有利于帮助人们认识语言内容的传授和语言技能的训练两者之间的区别，增强训练语言技能的意识。

20世纪90年代以后，教学理论进一步深化，逐渐引进了社会语言学、心理语言学、认知心理学、教育学、教育统计学、社会学、文化学、跨文化交际学等相关学科的理论成果并借鉴了这些学科的研究方法，探讨体现本学科特点的研究方向。

（十）基础理论研究得到了重视

本阶段，语言理论、语言学习理论、文化理论等与对外汉语教学相关的基础理论受到了重视，为对外汉语教学理论的研究奠定了坚实的基础。

对语言现象具体深入的描写能帮助学生理解和掌握语言。本阶段开始重视与对外汉语教学相关的语言研究，如汉字的研究、汉字与拼音文字的比较、汉语语音的研究、词汇研究、句型研究、话语分析研究和病句分析等，并有一大批科研成果问世，如《现代汉语频率统计与分析》《现代汉语句型统计与研究》《计算机辅助汉语教学系统及基本汉语规范研究》等。

　　研究语言学习理论就是要揭示语言学习的客观规律。20 世纪 80 年代，对外汉语教学领域引进了国外中介语理论，并运用该理论对外国人学习汉语过程中的错误进行分析。这是我国中介语理论研究的开端，对学习者的学习态度、学习策略、教学中难易度的把握等进行了初步的研究。

　　语言是文化的载体。本阶段对外汉语教学研究中发表了有关论述语言和文化的差异、语言和文化的关系的文章。不少论文涉及语言教学与文化背景、文化差异、文化导入、文化心理、思维方式等一系列问题。1994 年底召开了对外汉语教学定位、定性、定量座谈会，可以说是 90 年代初期对外汉语教学界开展语言与文化大讨论的总结。

（十一）教学法研究开始深入、全面地发展

　　这一阶段对外汉语教学理论的深化促使对外汉语教学法的研究开始深入、全面地发展，进入改革阶段。主要体现在以下方面。

　　1. 引进功能法，探索结构与功能相结合的教学方式

　　功能法于 20 世纪 70 年代中期传到我国，到 70 年代末 80 年代初，我国对功能法的介绍越来越多。我国对外汉语教学界在整个 70 年代进行的探索中得到的启发和积累的经验，特别是对培养交际能力重要性的认识，与功能法的基本原则是一致的，所以功能法介绍到中国以后，很快就受到了对外汉语教学界的重视。对

外汉语教学法研究的主要问题是继承以往教学法的优点，借鉴功能法的长处，结合对外汉语教学实践，形成一套更符合汉语特点的教学法体系。因此，70年代末到80年代末的教学法实际上是集传统翻译法、听说法（句型法）、直接法、功能法等于一体，以"结构—功能法"（或"结构—情景—功能法"）为主的多层次教学法。而结构与功能相结合，以及如何进行结合的研究和探索成为当时从学术讨论到教材编写的热点。第一部吸收功能法优点的教材是商务印书馆1981年出版的北京语言学院语言教学研究所负责编写的《实用汉语课本》。第一部体现纯功能方式的对外汉语教材是1980年在南京大学校内油印试用的《说什么和怎么说》。

从20世纪80年代中期开始，对外汉语教学中的文化问题逐渐得到重视。因此从80年代末开始又提出了"结构—功能—文化"相结合的教学指导思想，从而带来了教学法和其他教学环节上的一系列变革。

2. 按语言技能划分课型，确定各课型之间的关系

按语言技能划分课型，就是取消听、说、读、写全面要求的精读课，把不同语言技能的训练分散到不同的课型中进行。这是基于不同语言技能要通过不同方法来训练这样一种认识。

基于多年形成的教学习惯，从20世纪80年代开始，对外汉语教学界对于掌握四项技能和课型顺序的认识处在从听说读写到读写听说的转变之中。这一转变的主要根据是成年人学习第二语言与儿童习得母语的过程不同，而以读写课先行则可能更符合汉语教学的规律。

3. 各种教学类型课程在改革中完善

20世纪70年代发展起来的短期汉语班、汉语进修班、现代汉语专业等新的教

学类型，加上以前的汉语预备教育，从 80 年代开始都在总结教学经验的基础上进行了课程改革与建设，重点是加强教学的针对性和计划性，改革或完善课程设置，进一步明确各门课程的性质，调整各类课程的比例，处理好各门课程纵向和横向的关系，以便更好地、更有效地培养学生的交际能力。

由于教学理论的深化和教学法的改革，在教材编写方面，逐渐由通用教材发展为专用教材，由单一的综合教材发展为系列专用教材，所运用的方法由结构法向"结构—功能"法发展。而教材编写的前期工作较以前也有明显区别，即根据教学大纲和教学计划制定出详细的编写方案，指导教材编写。比如，1998 年制定了《1998—2000 年对外汉语教材编写规划》和《教材项目管理办法》。1999 年制定了《高等学校外国留学生汉语言专业教学大纲》《高等学校外国留学生汉语（长期进修）教学大纲》和《高等学校外国留学生汉语（短期进修）教学大纲》。2000 年"国家汉办"又成立了对外汉语教材编写指导小组。这在规范教材编写和提高教学质量方面发挥了积极作用。

第二节　对外汉语教学的现实描述

目前，对外汉语教学事业在全世界范围内呈现蓬勃发展的趋势。国家增强了对对外汉语教学的重视程度，强化了对这项事业的宏观指导，并增加了经费投入。我国驻外使领馆和国内有关机构以及各院校纷纷加强对外汉语教学工作，办学规模有了更大的发展，包括短期速成教育、汉语预备教育、本科和研究生教育以及函授、远程教育等在内的对外汉语教学体系，门类更加齐全，结构更加完整，水平进一步提高。对外汉语教学在学科建设方面沿着科学化和规范化的道路健康发展，逐步走向成熟，对外汉语教学方面的学术交流和国际交往也更加广泛。

一、国家对对外汉语教学事业的领导和管理不断加强

国家对外汉语教学领导小组自 1987 年成立以来，不断加强对全国对外汉语教学工作的领导管理和协调工作，制定了一系列宏观发展规划，推动了该项事业的发展，同时也促进了国际交流与合作。1996 年，国家对外汉语教学领导小组办公室进行了机构调整，强化了宏观指导。1998 年，随着形势发展，经国务院批准，新组建了国家对外汉语教学领导小组。2001 年 2 月 8 日召开的国家对外汉语教学领导小组年度例会首次确定设立"国家汉办项目经费"，大幅度增加对对外汉语教学事业的投入，为发展对外汉语教学事业提供了财政支持和经费保障。

对外汉语教学的性质特点决定了它的国际性和国家属性。我国的对外汉语教学事业从一开始就是在党和政府的领导下开展的，这也是我国对外汉语教学事业发展的一条成功经验。因此，将来势必会进一步加强国家对对外汉语教学的统一领导和管理，进一步加强对全国各级相应领导机构的建设，提高领导管理水平，根据目前对外汉语教学的实际，研究制定一系列切实可行的调控措施，使全国的对外汉语教学事业更加稳定、协调、健康地发展。

二、教学体制不断完善，教学规模不断扩大

1978 年，我国开始出现针对外国留学生的汉语言本科学历教育，到现在形成了从学士学位到博士学位的完整的学历教育体系。尽管对外汉语教学的非学历教育仍然占绝大部分，但目前全国已有 30 多所大学设立了针对外国留学生的汉语本

科教育。非学历教育类型多样化，除学校教育（包括汉语预备、汉语短期、汉语速成、汉语进修），面向海外华侨子弟、外交人员、商务人员等的广播、刊授、函授、多媒体教学，网上中文、远程汉语教学等形式的对外汉语教学工作也在不断扩展，门类更加齐全，结构更加完整，水平进一步提高。目前，对外汉语教学已逐渐形成了多渠道、多层次、多形式的较为完善的教学体制。特别是利用国际互联网开办汉语教学正日益成为一些对外汉语教学机构以及从事网络教育机构关注的热点。目前，国家汉办已经委托华东师范大学建立汉语远程学院，设立了网络电台，编辑了网络汉语杂志，研制了教学课件等，至今已有8000多名学生注册学习，汉语远程学院已经成为世界上最大的汉语远程教育机构。此外，"国家汉办"还积极承担了教育部中美网络语言教学合作项目的汉语教学任务。

随着教学体制的完善，教学规模也不断扩大。目前，我国每年接受来华学习汉语的外国留学生4万多人，截止2003年底，有8万多留学生在华学习汉语。现在全国有400余所高等院校从事对外汉语教学工作，很多院校设立了专门进行对外汉语教学的"学院"或"中心"。未来，更多的高校将会参与从事对外汉语教学工作。

目前，制约办学规模的因素仍然存在，主要原因是对外汉语教学的基础设施还相对落后，这导致各高校接受留学生的能力有限。这些基础设施包括教学设施、住宿餐饮服务设施、生活娱乐服务设施、旅游服务设施等。另外，留学生需要参加大量的校外语言实践活动，加上近几年来华学习兼旅游的短期留学生大量增加，这就给汉语教学工作提出了新的迫切要求，既要具备汉语学习的条件，又要提供一定规模和档次的旅游服务设施。

我国经济的迅速发展和国际间交流的扩大，将会吸引更多的留学生来华学习汉语，为适应这种新形式的需要，我国对外汉语教学设施和办学规模都需进一步扩大。相信随着经济的发展和领导能力的加强，我国对外汉语教学的基础设施建设将会以崭新的走貌面向世界。

三、汉语水平考试进一步推广，研发力度加强

目前，HSK每年定期分别在国内和海外举行，国内每年6月和10月各举行一次考试；国外考试委托当地高等学校或学术机构承办，每年6月或10月举行一次。实践证明，HSK具有较高的信度和效度，正在成为世界上最具权威、影响最大的汉语水平考试。目前，国内考点已达59个，国外也已在35个国家和地区设立了90多个考点。此外，为了适应新形势的需要，在完善HSK主干考试的同时，国家汉办还组织相关院校研发HSK专项考试。目前已经确定的专项考试有：南京师范大学研发的HSK（少儿），北京大学研发的HSK（商务），首都师范大学研发的HSK（文秘）和上海师范大学研发的HSK（旅游）。

随着对外汉语教学的发展，试题库等方面的建设也会更加完备。HSK将进一步取得国际信誉，得到广泛应用。

四、国际交流与合作的渠道更加广泛

随着对外汉语教学的升温，要求派遣汉语教师的国外高校越来越多，国家汉办或校际交流派遣出国的汉语教师也越来越多。近年来，通过各种渠道派往国外的汉语教师每年达300多人。同时，我国加大了对国外教师的培训力度，在国内或国外接受我国培训的外国汉语教师越来越多。为加强对海外汉语教师，尤其是周边

国家汉语教师的培训，2001 年教育部设立了《海外汉语教师来华培训资助项目》。仅 2002 年在国内就为 20 多个国家培训了 800 多名汉语教师。而且，每年有不少国外教师是通过享受中华文化研究奖学金或享受暑期来华奖学金到中国来接受培训的。也有不少学生是获得 HSK 优胜者奖学金来华学习汉语的。以 2001 年为例，共有 9 名教师享受中华文化研究奖学金，77 名教师享受暑期来华奖学金，23 名学生获得 HSK 优胜者奖学金。1999 年，教育部正式设立"中国语言文化友谊奖"，对世界各国为促进汉语教学和中国文化传播做出突出贡献的国际友人进行表彰，2000 年 3 月，中国教育部向泰国公主诗琳通颁发了该奖项，以褒扬她为促进中泰文化交流所做出的贡献。另外，为鼓励世界各国青年学生学习汉语的热情，2002 年 8 月 15 日，首届"汉语桥"世界大学生中文比赛在北京开幕。

从 2004 年起，中国在海外创办多所"孔子学院"，以加强在海外推广汉语教学的力量，进一步扩大汉语教学在海外的影响。目前，已建成的孔子学院有韩国"汉城孔子学院"，肯尼亚内罗毕大学的"内罗毕孔子学院"，瑞典的"北欧斯德哥尔摩孔子学院"，美国的"马里兰大学孔子学院"、乌兹别克斯坦的"塔什干孔子学院"等。

此外，中国政府有计划地向国外赠送大量中文图书和教材，仅 2001 年，教育部共向 27 个国家 57 所大学和有关教学机构赠送中文图书 50000 册。

中国政府还有计划地邀请国外知名汉语教师、汉学家来华访问和进行短期学术交流，如 2001 年共邀请了各国汉语教授和汉学家 31 人来华访问。这一举措增进了国内外的相互了解，为我国对外汉语教师跟上国际第二语言教学的发展步伐，了解国外最新学术动态提供了机会。

中国是汉语的故乡，加强同世界人民的友好往来，支持世界各国人民的汉语教学事业，弘扬中华民族的文化，我们义不容辞。相信随着同各国友好合作关系的进一步深化，我国将积极向国外派遣更多的汉语教师，提供更多高质量的教材，通过各种形式在国外开展更为广泛的汉语教学活动和师资培训工作。此外，我们相信，将会有更多的学者加入世界汉语教学学会，以加强世界各国的学术交流。我国的学者也将会积极借鉴国外推广本族语言方面的经验，更新教学方法，提高教学质量。

五、建立对外汉语教学基地和汉语中心

自 2002 年起，"国家汉办"（中华人民共和国汉语国际推广领导小组办公室）准备用 3 到 4 年的时间在全国建立十大对外汉语教学基地。这些基地在对外汉语教学领域应能起到示范带头作用，具有承担重大课题、编制教学大纲、编写教材、远程教学、开发考试、培训教师、储备师资等功能且应各具特色。经过 2002 年和 2003 年的两次评审，已有北京语言大学、复旦大学、北京师范大学、北京大学、华东师范大学、南开大学、南京师范大学、中国人民大学 8 所院校进入对外汉语教学基地的建设行列。同时，我国还准备在海外建立十大汉语中心，以发展海外的汉语教学事业。2002 年已确定首批在纽约、温哥华、悉尼、汉城（今韩国首尔）4 个城市建设汉语中心。另据 2002 年的统计，国外学习汉语的人数已达 3000 万人，在 85 个国家的 2100 所大学中开设有汉语课程。开设汉语课程的中、小学和各种形式的汉语培训也越来越多。仅日本就约有 100 万人在学习汉语，95% 以上的大学都将汉语作为最主要的第二语言。日本在学习汉语的人数、开设汉语教学的学校数和聘请中国汉语教师的人数等方面均位列世界首位。

此外，政府重点支持黑龙江大学、延边大学等 10 所院校开展面向周边国家的汉语教学工作。这方面的工作包括人员互访、情况调研、教师培训、中文竞赛、奖学金设立等，形成了政府与院校联合促进周边国家汉语教学发展的良好机制。

六、师资队伍建设进一步加强

如今，我国的对外汉语师资已形成了相当的规模。在国家宏观政策的指导和推动下，教师的整体素质有了明显的提高。但仍存在一些问题，如专职教师数量的增加跟不上教学规模的扩大，教学和科研梯队仍不健全，教师的知识结构不尽合理，教学能力和理论水平良莠不齐等。因此，今后将在以下几个方面加强师资队伍建设。

1. 改善和扩充对外汉语本科专业

目前有不少学校开设对外汉语本科专业，但有的学校课程设置与对外汉语教学的实际脱节，加上一些教师在教学中并未结合对外汉语教学实际，教学效果很不理想。所以有必要结合实际需要，改善课程设置。而随着对外汉语教学规模的不断扩大，有必要扩充对外汉语本科专业的规模，以培养更多合格的对外汉语教师。

2. 培养更多对外汉语教学专业的高级专门人才

目前虽已培养了一批对外汉语教学专业的硕士、博士研究生，但还远不能满足教学和科研的需要，今后将加强这方面高级专门人才的培养。

3. 继续加强在职教师的培训工作

目前仍有教师尚未接受过对外汉语教学的专业教育，知识结构不尽合理，也有些教师知识结构老化，因此须继续加强对在职教师的业务培训工作，以提高教学质量。

对外汉语教学的发展，不仅需要一批教师骨干梯队和学术研究梯队，还需要一批既精通教学及科研，又具有管理才能及外交能力的领导人才。因此，搞好人才规划，加强师资梯队建设具有重要的意义。

七、高度重视基础理论和教学理论研究

"国家汉办"对本学科的科学研究更加重视，2002 年启动的"十五"科研规划项目共有 70 多个项目立项。立项数目和资助经费都是前所未有的。同时还资助出版了 10 多种著作。教育部还在北京语言大学设立了教育部人文社会科学百所重点研究基地——对外汉语研究中心，以加强对外汉语研究。目前本学科的论文无论是数量上还是质量上都是此前所不能比拟的，尤其是实证型、统计型定量分析的论文较之经验型、介绍型的论文多了，跨学科、多角度研究的论文多了。并且，研究汉语教学和习得规律的论著很多，如《汉语作为第二语言习得研究》《汉语课堂教学技巧》《对外汉语写作教学研究》《对外汉语研究的跨学科探索——汉语学习与认知国际学术研讨会论文集》《对外汉语教学概论》《语言教学原理》《对外汉语教学研究》等。同时，还出现了一批紧密结合对外汉语教学的汉语专项研究论著，如《对外汉语教学中的副词研究》[①]《似同实异——汉语近义表达方式的认知语用分析》[②] 等。还召开了与教学密切结合的汉语专项研讨会，如 2018 年 5 月在北京外国语大学召开的"汉语口语表达的地道性与教学创新国际研讨会"，该会议由国家对外汉语教学领导小组办公室（现称国家汉办 / 孔子学院总部）与

---

① 周小兵，赵新．对外汉语教学中的副词研究 [M]．北京：中国社会科学出版社，2002.
② 郭继懋，郑天刚．似同实异——汉语近义表达方式的认知语用分析 [M]．北京：中国社会科学出版社，2002.

北京外国语大学中国语言文学学院联合主办，聚焦汉语口语教学中的地道性表达问题，邀请了国内外知名学者、一线教师及教育技术专家，共同探讨如何通过教学内容优化、教学方法创新和技术手段应用，提升留学生的汉语口语流利度与地道性，促进跨文化交流能力的有效提升。

今后，对外汉语教学的科学研究将不断深化。基础理论研究中除对语言现象进一步深入描写之外，还将特别重视语言习得的研究，进一步探讨汉语学习规律。此外，跟语言学习密切相关的交际文化的研究还有待深入。教学理论研究的重点仍是对教学活动进行科学化、规范化和标准化的研究，特别是要加强对外汉语教学的总体设计研究，使教学计划更科学，更系统。

八、教材开发有了新的突破

对我们来说，编写高质量的汉语教材具有得天独厚的条件。目前对外汉语教材种类繁多，数量庞大，仅 2002 年"汉办"组织编写出版的纸质和音像教材就分别达 52 种和 19 种。其中不乏是在大量汉语研究和汉语调查基础上，针对教学实际编写出的具有较高的科学价值和实用价值的教材，但也面临着教材质量参差不齐的问题。

随着对外汉语教学的发展，今后将需要更多更好的教材。今后教材建设的方向主要是：制定科学的立足国内面向世界的教材编写规划；利用现代化科技手段编写多类型、多层次的系列教材；以大量科学的汉语研究成果为依据，密切结合教学需要，努力提高教材质量。

九、更加重视教学质量和评优工作

为了促进和优化全国的对外汉语教学，国家汉办于 2002 年首次举行全国对外汉语教学优秀教师评选活动，共有北京、上海、天津、南京和广州的 11 所院校的 12 名教师被评为全国对外汉语教学优秀教师。2003 年首次举行全国对外汉语教学优秀教材的评选工作，一批优秀的教材获奖并得到推广。

今后，在不断扩大规模的同时，对外汉语教学必将更加重视教学质量的提高。随着教师队伍建设的进一步加强，学科理论体系和教材体系的进一步完善，教学法的进一步更新，教材体系的进一步完善，以及政策的正确引导和鼓励，教学质量也必将会显著提高。

目前，我国的对外汉语教学事业正在蓬勃发展，可以预见，随着我国经济的进一步腾飞、国际地位的进一步提高，我国的对外汉语教学事业必将更加辉煌。同时，随着世界汉语教学的不断发展，将有越来越多的"中国通""汉学家"积极活跃于国际社会的政治、经济、文化、外交等舞台，为促进世界与中国的交流、拉近世界与中国的距离发挥重要作用。

第三节　对外汉语教学的对象与内容

一、对外汉语教学的对象

对外汉语教学的对象主要是外国成年人或接近于成年的人，他们已具有一定的知识和能力背景，即具有母语的语言系统，拥有较系统的知识结构，分析问题、解决问题的能力等。

二、对外汉语教学的内容

对外汉语教学有不同的含义，不同的含义有不同的任务和内容。

（一）作为教学活动的对外汉语教学的任务

作为教学活动的对外汉语教学是指针对外国人把汉语作为第二语言教学的过程，这一过程包括总体设计、教材编写、课堂教学、语言测试4个部分，其基本任务诚如陆俭明所言就是"怎么让一个从未学过汉语的外国留学生在最短的时间内能最快最好地学习好、掌握好汉语"。[①] 完成这一基本任务的主体应该是从事对外汉语教学的各个层次的一线教师。所谓让外国人学习好、掌握好汉语是指通过对外汉语教学活动使外国学生能运用汉语进行不同层次的交际和交流，具备不同目的、不同领域、不同层次的汉语听说读写能力和言语交际能力。要完成这些任务，除了尽可能地调动学生学习的主动性和积极性，承担教学任务的教师还必须具备相当的理论知识和实际教学能力，要对汉语语言学、教育学、心理学、教学法、教

---

① 陆俭明.陆俭明自选集 [M].郑州：大象出版社，1993.

育技术、中外文化等方面有比较充分的了解，尤其要把汉语语言学知识转化为实际的对外汉语教学能力。一个优秀的对外汉语教学教师不仅应具备丰富的理论知识，而且应具备丰富的、灵活多变的、针对外国人的教学能力。当然，对外汉语教学的总体设计、教材编写、语言测试也是对外汉语教学的主要任务。对外汉语教学毕竟是一门新兴学科，产生时间短，因而，各种教学大纲的制定、教材的编写、语言测试的研制等，都要加强研究和建设。目前，对外汉语教学事业发展很快，而对外汉语研究相对滞后。

（二）作为学科的对外汉语教学的任务

作为一门学科，对外汉语教学主要任务是研究针对外国人把汉语作为第二语言教学的内容、原理、过程和方法，并以此指导教学实践。作为学科的对外汉语教学包括对外汉语教学研究和对外汉语学科建设两个层面的任务。

1. 对外汉语教学研究

针对对外汉语教学的性质和教学过程特点，对外汉语教学研究应该包括"教什么""如何学""怎样教"等方面。具体有以下几点：

（1）研究作为第二语言的汉语本体规律

目前，在对外汉语教学研究中，最迫切的课题是研究"教什么"的问题。要教会外国人学会、用好汉语，首先要把教学内容研究透，要研究好汉语作为第二语言本身的特点、规律和用法。由于汉语研究尤其是现代汉语研究的时间比较短，加上过去的研究没有或很少考虑到汉语作为第二语言的特点，因而对汉语本身的特点、规律和用法还没有研究透，目前已经总结出的各种规律也未必适合对外汉语教学实际。因而，目前现代汉语研究尤其是语法和词汇研究面临着巨大挑战。在对外汉语教学的学科研究中，首先必须加强作为第二语言的汉语本体规律的研究。如果我们对现代汉语本身的特点、规律和用法认识不清、不透或不准，就不能教好汉语，也不可能让外国人学好、用好现代汉语。

作为第二语言的汉语本体研究不仅要研究汉语本身，而且要研究和修订对外汉语教学用的汉字大纲、词汇大纲和语法大纲，研究对外汉语教学所需的汉字结构特点与汉字学习的规律，研究外国人学习汉语时的语音难点和重点，研究并比较对外汉语教学的词汇，研究对外汉语教学参考语法，研究对外汉语教学中学生必须掌握的汉语口语和书面语特点、交际能力及汉语语言类型和汉语特点等。另外，还要进一步研究好教学内容的顺序和量级，即应在什么时间、以何种顺序、用怎样的难度向外国人教授现代汉语的听说读写。所以，为现代汉语的文字、词汇、语法包括语音分出不同的等级和顺序，制定出字表、词表、成语表、语法要点表、修辞手法表等也是对外汉语教学用汉本体研究的重要内容。

（2）研究对外汉语教学活动的主体

教学活动的主体包括教和学双方。教的一方即教师，要全面了解作为一名对外汉语教师应该具备哪些基本素质，如何成为优秀的对外汉语教师。

教学活动主体是研究学习者的特点，教学活动的双方应该以学习者为中心。对外汉语教学中的学习者往往来自不同的国家和民族，年龄和文化程度参差不齐，学习目的和学习时间以及原有的汉语水平各有差异，因而对外汉语教学研究应该把分析教学对象作为重要的研究课题，这涉及学习者的国别、民族、母语、文化背景等对汉语学习的影响，涉及年龄、文化程度、职业、学习目的、学习时间对学习动力、态度、积极性的影响。学习者自身的差异不仅制约着学习者的汉语学习，而且对教师的教学原则、教学方法、教学重点等都有直接的影响。

（3）研究汉语作为第二语言的习得和认知规律

现代语言教学已经从重视"怎样教"转变为更加重视"如何学",把语言教学"学"的一方看作教学的主体。同时,语言教学研究者更加重视对学习理论与学习规律的研究,即重视对语言习得认知过程和认知规律的研究。就对外汉语教学而言,要研究外国学生对现代汉语各要素包括篇章、汉字等的习得顺序和习得过程,要研究外国学生对现代汉语听说读写中各有关要素的认知加工过程和认知规律,要研究外国学生学习中的各类个体差异和教学策略等。目前,受到对外汉语学界重视的研究课题,如汉语与外语对比分析、外国人学习汉语的偏误分析和中介语系统的研究,都是汉语作为第二语言习得和认知研究的重要课题。尤其是随着学习汉语的外国人数的增加,汉语作为留学生学习的目的语与多种不同母语的比较,应该成为今后对外汉语教学研究的一个重要方面,过去汉外对比集中在汉英、汉俄等少数语言上,今后比较的对象要增加,比较的目的要明确,比较的面要扩大,比较的程度要加深,比较的结果要有利于汉语学习。

（4）研究对外汉语教学的理论和方法

作为一门学科,对外汉语教学首先必须研究本学科内部的理论和方法,即研究"怎样教",用以指导对外汉语教学实践。对外汉语教学理论研究主要应围绕对外汉语教学过程中的总体设计、教材编写、课堂教学和测试评估四大教学环节展开,其中核心课题包括当代语言教学理论和教学方法如何与汉语作为第二语言的教学实际相结合问题的研究,对外汉语教学理论和方法的新探索,对外汉语教学总体设计与教学模式的改革与探索,不同层次、不同类型的对外汉语教学大纲、课程体系、教材体系的研究，课堂教学质量与教学效率的提高与评估研究，汉语水平考试的研究，现代教育技术手段在对外汉语教学中的应用，建立各种类型的语料库并运用到对外汉语教学和研究中去，等等。

（5）研究对外汉语教学的基础理论

对外汉语教学从一定意义上来说是一门综合性、边缘性学科，语言学、教育学、心理学、学科教学论、教育技术学等构成了对外汉语教学的学科基础理论，因而，对外汉语教学还应当充分研究与对外汉语教学学科相关的各种基础理论，并将相关学科的理论应用于对外汉语教学研究，同时以自身的学科建设为相关学科的发展做出应有的贡献。不仅如此，研究对外汉语教学的基础理论还必须思考各种基础理论与对外汉语教学的关系，思考各基础理论在对外汉语教学学科中的地位，思考各种基础理论之间的相互关系和协调性。

2. 对外汉语学科建设

对外汉语学科建设的科学、合理、完善和前瞻性是保证该学科进一步持续、良性、快速发展的关键。对外汉语学科建设包括学科性质、学科任务、学科地位、学科结构体系、学科研究、学科人才培养、学科规划等多个方面。学科性质的确立、学科任务的厘定、学科地位的确定等，是保证学科发展方向的关键，学科结构体系和学科研究是学科能否健康深入发展的保证，学科人才培养和学科规划是保证学科持续、良性、快速发展的基础。对外汉语教学作为一门学科产生的时间并不长，学科建设才刚刚起步，相关问题的研究和讨论才开始不久，对相关问题的认识还有很大分歧。如对学科定位就有不同看法，多数学者认为对外汉语教学属于语言学及应用语言学，但也有一部分学者认为属于教育学之下的课程与教学论，两种不同观点就可能决定对外汉语教学学科发展的不同方向，也涉及对外汉语教学人才培养的模式：是以语言学及应用语言学课程为主体，还是以课程与教学论课程为主体。再如，学术界对对外汉语学科结构体系和学科任务也有不同看法，即对汉语语言学本体研究在学科体系结构中的地位和分量有不同认识，有所谓"主体派"和"教学派"之争。另外，对对外汉语教学学科人才培养模式以及对外汉语本科、对外汉语教学方向的硕士和博士课程体系的调查和研究还很不充分。凡此等等，都直接影响对外汉语教学学科的进一步发展。当前，对外汉语学界要加强学科建设，增强学科意识，积极开展学科研究，把对外汉语教学学科真正建设成为一门体系完善、内涵丰富、特色明显的独立的学科。

（三）作为事业的对外汉语教学的任务

对外汉语教学不仅仅是为了让外国人掌握好、运用好汉语，而且还肩负着传播中国文化、展现中国社会、增进中外友谊和文化交流、培养热爱中国文化的国际友人的重任。因而，对外汉语教学被看作国家、民族的事业。作为一项国家、民族的事业，对外汉语教学的建设和发展就有了更多、更重的任务。目前，作为一项事业的对外汉语教学应把握好以下工作任务。

（1）采取各种可能的举措，加快汉语的国际化趋势，使世界范围内的汉语学习热能更进一步升温，使越来越多的外国人通过汉语学习进一步了解和热爱中国。通过多种有效途径宣传国内的对外汉语教学事业，千方百计地吸引更多的留学生来中国学习汉语，扩大留学生招生规模。

（2）狠抓学科建设。对外汉语教学不仅要进一步完善汉语短期进修教学学科建设，而且要完善以本科生、研究生教学为核心的对外汉语专业的学科建设，包括理论研讨、教学目的和要求的确定、课程设置、教学大纲的制定、教材和工具书的编写以及教学辅助设备的添置和软件的制作等。尤其要加快编写适合不同国家和民族的、有针对性的对外汉语教材。

（3）大力培养不同层次的对外汉语专业教师，提高对外汉语教师的素质和专业水平，提升对外汉语教师的学历层次和科研水平。不仅如此，还要培养和训练出一批兼职对外汉语教师，为对外汉语教学事业的发展储备更多的人才和教学人员。

（4）增加对外汉语教学研究的科研投入，鼓励更多的科研力量投入对外汉语教学研究队伍中去，力争取得更多、更高质量的研究成果，提升对外汉语教学学科的学术含量。

（5）大力研究和宣传、推广汉语水平考试，不断开发出多种专门用途的汉语水平考试类型，使汉语水平考试成为世界上最权威、最实用的汉语考试。

（6）研究好对外汉语教学与国际政治、经济、文化发展与变化的关系，及时调整或改革对外汉语教学的发展战略和策略，以应对不同的国际政治环境对对外汉语教学事业所产生的影响。

（7）通过各种途径和办法，使对外汉语教学走出去，不仅要多派教师到海外从事汉语教学，帮助培训海外汉语教师，而且要加快开拓在国外办学和教授汉语的新市场。

第四节　对外汉语教学的前景展望

一、全球化背景下的需求增长

（一）国际交流的日益频繁

在全球化的浪潮下，国际交流已成为不可逆转的趋势，它不仅促进了经济的繁荣，更深刻地影响了文化的传播与融合。随着国际间政治、经济、文化等各个领域的合作日益加深，语言作为沟通的桥梁，其重要性不言而喻。汉语，作为世界上使用人数最多的语言之一，随着中国国际地位的提升和中华文化的广泛传播，正逐渐成为国际交流中不可或缺的一部分。

国际交流的日益频繁为汉语教学带来了前所未有的发展机遇。首先，跨国企业、国际组织以及政府机构对于掌握汉语人才的需求急剧增长。为了在全球市场中占据有利地位，这些机构纷纷将汉语纳入员工培训计划，甚至将其作为招聘的硬性条件。这种需求直接推动了对外汉语教学市场的扩大，为汉语教育提供了广阔的发展空间。

其次，旅游业的蓬勃发展也促进了汉语学习的热潮。中国作为世界著名的旅游目的地，每年吸引着数以亿计的海外游客。为了更好地体验中国文化，了解当地风俗习惯，越来越多的游客选择学习汉语。这种需求不仅推动了短期汉语培训市场的繁荣，也促使更多的教育机构开始关注并投入资源到汉语教学领域。

最后，国际学术交流的加强也为汉语教学带来了新的机遇。随着中国科研实力的增强和国际影响力的扩大，越来越多的国际学者选择来华交流学习。在这个过程中，他们不仅需要掌握汉语以便更好地与中国同行沟通合作，还希望通过学习汉语深入了解中国的历史、文化和社会。这种需求促进了高校、科研机构等高层次汉语教育的发展，推动了汉语教学向更深层次、更广领域拓展。

（二）"汉语热"现象的全球蔓延

"汉语热"现象的全球蔓延是近年来对外汉语教学领域最为显著的现象之一。这一现象的出现，既反映了中国国际地位的提升和中华文化的吸引力，也体现了全球范围内对汉语教育需求的不断增长。

首先，"汉语热"的兴起得益于中国经济的快速发展和综合国力的增强。随着中国在全球经济格局中的地位日益重要，越来越多的国家开始重视与中国的经贸合作和文化交流。这种趋势促使了各国政府、教育机构以及个人对汉语学习的重视和投入，推动了"汉语热"的持续升温。

其次，中华文化的独特魅力和广泛影响力也是"汉语热"现象的重要因素。中华文化源远流长、博大精深，其独特的思想体系、价值观念、艺术形式等吸引了全球范围内的关注和喜爱。通过学习汉语，人们可以更深入地了解中华文化，感受其独特的韵味和魅力。这种文化认同感和归属感进一步激发了人们学习汉语的热情和动力。

最后，互联网技术的发展也为"汉语热"现象的全球蔓延提供了有力支持。互联网的普及打破了地域限制，使得全球范围内的汉语学习资源得以共享和传播。通过在线课程、社交媒体等渠道，人们可以随时随地学习汉语、交流心得、分享经验。这种便捷的学习方式极大地降低了学习汉语的门槛和成本，进一步推动了"汉语热"的普及和发展。

（三）多元文化背景下汉语教育的重要性

在多元文化背景下，汉语教育的重要性日益凸显。作为连接不同文化、促进相互理解和尊重的桥梁，汉语教育在推动全球文化交流、增进人类共同福祉方面发挥着不可替代的作用。

首先，汉语教育有助于增进国际间的文化理解和认同。通过学习汉语和了解中国文化，人们可以更加深入地认识和理解中国这个拥有悠久历史和灿烂文化的国家。这种文化理解和认同有助于消除误解和偏见，促进国际间的友好合作和共同发展。同时，汉语教育也为不同文化之间的交流和融合提供了平台，推动了全球文化的多样性和包容性发展。

其次，汉语教育有助于提升个人的跨文化交际能力。在全球化时代，跨文化交际能力已成为衡量个人综合素质的重要指标之一。通过学习汉语和接触中国文化，人们可以培养自己的跨文化意识和能力，更好地适应不同文化背景下的工作和生活环境。这种能力不仅有助于个人的职业发展和社会适应能力的提升，也有助于推动国际间的合作与交流向更深层次发展。

最后，汉语教育有助于传承和弘扬中华优秀传统文化。作为中华文化的载体和传承工具之一，汉语教育在传承和弘扬中华优秀传统文化方面发挥着重要作用。通过学习汉语和了解中国文化，人们可以更加深入地认识和理解中华优秀传统文化的精髓和内涵，从而将其传承下去并发扬光大。这种传承和弘扬不仅有助于增强中华民族的文化自信和文化自觉意识，也有助于推动全球文化的繁荣与发展。

二、教育技术与方法的革新

（一）数字化教学资源的丰富与应用

在教育技术与方法的革新中，数字化教学资源的丰富与应用无疑是最为显著的趋势之一。随着信息技术的飞速发展，数字化教学资源以其独特的优势，正逐步改变着对外汉语教学的面貌，为学习者提供了更加便捷、高效、丰富的学习体验。

从基础的汉字学习、语音练习到高级的语法讲解、阅读理解，再到丰富的文化背景知识介绍，数字化教学资源几乎涵盖了对外汉语教学的所有方面。这些资源不仅形式多样，包括电子书、在线课程、视频教程、模拟对话等，而且内容质量高，能够满足不同学习者的个性化需求。通过数字化教学资源的利用，学习者可以随时随地进行学习，打破了传统课堂教学的时空限制，极大地提高了学习的灵活性和自主性。

数字化教学资源的应用进一步推动了对外汉语教学模式的创新。传统的教学模式往往依赖纸质教材和教师的讲解，而数字化教学资源的引入则使得教学过程更加生动、直观、互动。教师可以通过多媒体教学手段，将复杂的语言知识以图像、音频、视频等多种形式呈现给学习者，使学习过程更加有趣味性和吸引力。同时，数字化教学平台还提供了丰富的学习工具和互动功能，如在线测试、智能纠错、学习进度跟踪等，帮助学习者更好地掌握知识和技能，提高学习效率。

此外，数字化教学资源的共享和协作也为对外汉语教学带来了新的机遇。通过互联网和云计算技术，不同地区、不同学校的教师和学生可以共享优质的教学资源，进行跨地域的协作学习和交流。这种共享和协作不仅促进了教学资源的优化配置和高效利用，也加强了师生之间的互动和沟通，提高了教学效果和质量。

（二）个性化学习方案的推广

在对外汉语教学中，个性化学习方案的推广是教育技术与方法革新的又一重要方面。随着教育理念的不断进步和学习者需求的日益多样化，传统的"一刀切"教学模式已经无法满足学习者的个性化需求。因此，推广个性化学习方案成为了提高教学效果、满足学习者需求的重要途径。

个性化学习方案的核心在于根据学习者的个体差异和学习需求量身定制学习计划。这要求教师在教学过程中充分了解学习者的学习背景、学习习惯、兴趣爱好等因素，并据此制定具有针对性的教学方案。例如，对于初学者来说，可以重点加强基础知识的讲解和练习；对于进阶学习者来说，则可以提供更多的高级语法知识和文化背景介绍。同时，个性化学习方案还应该注重培养学习者的自主学习能力和批判性思维能力，鼓励他们根据自己的兴趣和需求进行自主学习和探索。

为了实现个性化学习方案的推广，教师需要掌握一定的教学技术和方法。例如，运用教育心理学理论了解学习者的心理特点和需求；运用信息技术手段收集和分析学习者的学习数据；运用教学策略和技巧激发学习者的学习动力和兴趣等。此外，教师还需要不断学习和更新自己的知识和技能，以适应不断变化的教育环境和学习者需求。

个性化学习方案的推广不仅有助于提高学习者的学习效果和满意度，也有助于促进教育公平和全面发展。通过为不同学习者提供个性化的学习支持和服务，可以缩小学习者之间的差距，促进教育资源的均衡分配和高效利用。同时，个性化学习方案的推广还有助于培养学习者的创新精神和实践能力，为他们的未来发展奠定坚实的基础。

（三）混合式教学模式的探索与实践

混合式教学模式是教育技术与方法革新的又一重要成果。它将传统课堂教学与数字化教学相结合，通过线上线下相结合的方式为学习者提供更加灵活、多样的学习体验。在对外汉语教学中，混合式教学模式的探索与实践对于提高教学效果、促进学习者全面发展具有重要意义。

混合式教学模式的优势在于它能够充分发挥传统课堂教学和数字化教学的各自优势。传统课堂教学注重师生互动和情感交流，能够营造浓厚的学习氛围和积极的学习环境；而数字化教学则注重个性化学习和自主学习能力的培养，能够提供丰富的学习资源和便捷的学习方式。通过将两者相结合，混合式教学模式可以实现优势互补和相互促进的效果。

在混合式教学模式的探索与实践过程中，教师需要充分考虑学习者的需求和特点。例如，在课程设计方面要注重线上线下内容的衔接和互补；在教学组织方面要注重师生之间的互动和合作；在评价反馈方面要注重及时性和针对性等。同时，教师还需要不断学习和掌握新的教学技术和方法，以适应不断变化的教育环境和学习者需求。

此外，混合式教学模式的探索与实践还需要得到教育机构和政策的支持和保障。教育机构应该加强数字化教学资源的建设和管理，提高数字化教学平台的功能和性能；政策方面则应该加大对混合式教学模式的支持力度和推广力度，鼓励教师积极探索和实践新的教学模式和方法。只有这样才能够为混合式教学模式的发展提供有力的保障和支持。

三、师资队伍的专业化建设

（一）教师培训体系的完善

在对外汉语教学领域，师资队伍的专业化建设是提升教学质量、推动学科发展的关键。而教师培训体系的完善则是实现这一目标的重要基石。一个完善的教师培训体系不仅能够为教师提供持续的专业成长机会，还能确保教师队伍的整体素质和能力不断提升。

首先，教师培训体系应注重内容的全面性和针对性。培训内容应涵盖语言学理论、教学法、跨文化交际、现代教育技术等多个方面，以满足教师在不同教学阶段和场景下的需求。同时，针对不同教师的专业背景和教学经验，培训内容还应具有针对性，确保每位教师都能获得切实有效的提升。例如，对于新入职的教师，可以重点加强教学基本功和课堂管理能力的培训；而对于有丰富教学经验的教师，则可以引导他们深入研究教学法改革和课程创新。

其次，教师培训方式应灵活多样，注重实践性和互动性。传统的讲授式培训方式虽然能够传递知识，但往往缺乏实践性和互动性，难以激发教师的参与热情和学习动力。因此，在完善教师培训体系的过程中，应积极探索和实践多种培训方式，如工作坊、研讨会、在线学习等。这些方式不仅能够为教师提供更加灵活的学习时间和空间，还能通过实践操作和互动交流促进教师的深度学习和反思。

最后，教师培训效果的评估与反馈机制也是完善教师培训体系不可或缺的一环。通过定期对教师培训效果进行评估和反馈，可以及时了解教师的培训需求和教学效果，为后续的培训工作提供有力支持。同时，评估与反馈机制还能激励教师积极参与培训活动，不断提升自己的专业素养和教学能力。

（二）国际化视野与跨文化交际能力的提升

在全球化背景下，对外汉语教师不仅需要具备扎实的专业知识和教学技能，还需要具备国际化的视野和跨文化交际的能力。这是因为对外汉语教学本身就是一种跨文化交流的活动，教师需要与来自不同文化背景的学生进行沟通和互动。因此，提升教师的国际化视野和跨文化交际能力是师资队伍专业化建设的重要任务之一。

首先，教师应积极拓宽自己的国际视野。通过关注国际形势、了解不同国家的文化和社会背景、参与国际交流活动等方式，教师可以不断拓宽自己的视野和思路，增强对多元文化的理解和尊重。这种国际视野不仅有助于教师更好地理解和教授汉语知识，还能促进他们在教学中融入更多的国际元素和跨文化视角。

其次，教师应注重提升自己的跨文化交际能力。跨文化交际能力是指在不同文化背景下进行有效沟通和交流的能力。在对外汉语教学中，教师需要与来自不同文化背景的学生进行沟通和互动，因此必须具备较高的跨文化交际能力。为了提升这一能力，教师可以通过积极参加跨文化交际培训、阅读相关书籍和文章、参与国际交流项目等方式进行学习和实践。同时，在日常教学中，教师还应注重培养学生的跨文化交际能力，引导他们尊重和理解不同文化之间的差异性。

（三）科研与教学相结合的激励机制

在师资队伍专业化建设过程中，科研与教学相结合是提升教师综合素质和推动学科发展的重要途径。通过科研与教学相结合，教师可以将研究成果应用于教学实践中，提高教学效果和质量；同时，教学实践也能为科研提供丰富的素材和灵感来源。因此，建立科研与教学相结合的激励机制对于促进教师的专业成长和学科发展具有重要意义。

首先，教育机构应制定明确的科研与教学相结合的政策和措施。例如，可以设立科研与教学相结合的专项基金或项目，鼓励教师开展相关研究和实践活动；可以建立科研成果转化机制，将研究成果及时应用于教学实践中；还可以将科研成果纳入教师评价体系中，作为评价教师综合素质和教学效果的重要指标之一。

其次，教育机构应加强对教师科研与教学相结合能力的培训和支持。例如，可以组织专家讲座、研讨会等活动，为教师提供科研方法和教学技能方面的培训；可以建立科研与教学相结合的交流平台或团队，促进教师之间的合作与交流；还可以为教师提供必要的科研资源和设备支持等。

最后，教育机构应建立合理的激励机制以激发教师参与科研与教学的积极性。

例如，可以设立科研成果奖励制度或教学创新奖励制度，对在科研和教学方面取得突出成果的教师给予表彰和奖励；可以建立职称晋升与科研成果和教学成果挂钩的机制等。这些激励机制不仅能够激发教师的积极性和创造力，还能促进整个师资队伍的专业化建设和学科发展。

四、课程设置的多样化与国际化

（一）针对不同学习需求的课程设置

为了满足不同学习者的多样化需求，课程设置的多样化成为了提升教学质量、增强教学吸引力的关键。针对不同学习需求的课程设置，不仅能够满足学习者的个性化需求，还能促进汉语国际教育的普及与发展。

首先，课程设置应充分考虑学习者的学习目标和背景差异。对于初学者而言，基础汉语课程是必不可少的，包括语音、词汇、语法等基础知识的系统学习。而对于有一定基础的学习者，则可以设置更高级别的课程，如汉语阅读、写作、翻译等，以进一步提升他们的汉语水平。此外，还应根据学习者的职业需求、兴趣爱好等因素，开设专业汉语课程，如商务汉语、旅游汉语、中医汉语等，以满足不同领域的实际需求。

其次，课程设置应注重实用性和趣味性相结合。实用性是汉语学习的核心目标之一，因此课程设置应紧密结合日常生活和工作场景，注重培养学习者的实际应用能力。同时，为了激发学习者的学习兴趣和动力，课程设置还应注重趣味性，通过丰富多样的教学活动和互动环节，让学习者在轻松愉快的氛围中掌握汉语知识。例如，可以组织汉语角、文化体验活动、在线互动课堂等，让学习者在实践中学习和运用汉语。

最后，课程设置应灵活多样，满足不同学习方式和时间的需求。随着科技的发展和网络的普及，越来越多的学习者倾向于通过在线学习的方式获取汉语知识。因此，课程设置应充分考虑在线学习的特点和需求，提供灵活多样的在线学习资源和服务。同时，还应为不同学习时间和进度的学习者提供个性化的学习方案和支持，以确保他们能够在适合自己的节奏下完成学习任务。

（二）汉语国际标准的制定与推广

汉语国际标准的制定与推广是提升汉语国际教育规范化、标准化水平的重要举措。通过制定统一的汉语教学标准和评价体系，可以确保汉语教学的质量和效果，促进汉语国际教育的普及与发展。

首先，汉语国际标准的制定应基于广泛的研究和实践经验。在制定过程中，应充分考虑不同国家和地区的教学需求和特点，结合汉语语言学、教育学、心理学等多学科的研究成果，形成具有广泛适用性和科学性的教学标准和评价体系。这些标准应涵盖汉语教学的各个方面，包括语音、词汇、语法、听说读写技能等，以确保汉语教学的全面性和系统性。

其次，汉语国际标准的推广需要得到各国教育机构和教师的支持和配合。为了推广汉语国际标准，可以组织国际汉语教学研讨会、培训班等活动，向各国教师介绍汉语国际标准的内容和意义，并提供相关的教学资源和支持。同时，还可以通过国际汉语水平考试（HSK）等标准化考试来检验和推广汉语国际标准的应用效果。这些考试应基于汉语国际标准进行设计和实施，以客观、公正地评价学习者的汉语水平。

最后，汉语国际标准的制定与推广还需要加强国际合作与交流。通过与国际教育组织、学术机构等建立合作关系，共同推动汉语国际标准的制定和推广工作。可以开展联合研究、合作教学等项目，促进汉语国际教育领域的交流与合作。此外，还可以通过举办国际汉语教育展览、文化节等活动，展示汉语国际标准的成果和影响力，吸引更多国家和地区参与到汉语国际教育的推广中来。

（三）与国际教育体系的接轨与合作

与国际教育体系的接轨与合作是提升汉语国际教育国际影响力的重要途径。通过与国际教育体系建立紧密联系和合作关系，可以借鉴国际先进的教学理念和方法，提升汉语国际教育的质量和水平；同时，还可以推动汉语国际教育的国际化进程，吸引更多国际学生来中国学习汉语和文化。

首先，与国际教育体系的接轨需要深入了解国际教育的发展趋势和特点。随着全球化的不断深入，国际教育领域呈现出多元化、信息化的特点。为了与国际教育体系接轨，需要密切关注国际教育的最新动态和发展趋势，了解不同国家和地区的教育政策、课程设置、教学方法等方面的特点和差异。同时，还需要加强与国际教育组织、学术机构等的交流与合作，共同探讨汉语国际教育的发展路径和策略。

其次，与国际教育体系的合作需要建立多元化的合作机制。可以通过签订合作协议、建立联合研究中心、开展合作教学项目等方式，与国际教育机构建立稳定的合作关系。在合作过程中，可以共同研发教学资源和教材、开展教师培训、举办国际汉语教育论坛等活动，促进汉语国际教育领域的交流与合作。同时，还可以加强与国际学校的合作与交流，推动汉语作为第二语言的教学在国际学校中的普及与发展。

最后，与国际教育体系的接轨与合作还需要注重文化交流和传播。汉语国际教育不仅仅是语言教学的问题，更是文化交流和传播的重要载体。在与国际教育体系接轨合作的过程中，应注重介绍中国的历史文化、社会制度、风土人情等方面的内容，让国际学生更好地了解中国、认识中国。同时，还可以通过组织文化交流活动、举办文化展览等方式，促进中外文化的交流与融合。这些活动不仅能够增加国际学生对中国的兴趣和了解，还能够提升汉语国际教育的吸引力和影响力。

五、未来发展趋势

（一）汉语国际教育体系的进一步完善

随着全球化的深入发展，汉语国际教育体系正逐步迈向更加完善与成熟的阶段。这一体系的完善不仅体现在教学内容的丰富与更新上，更在于教学方法、评价体系以及国际合作的深化。

首先，教学内容方面，汉语国际教育将更加注重实用性和文化性的结合。传统的汉语教学往往侧重于语言知识的传授，而未来的教育体系将更加重视培养学习者的语言运用能力，特别是在实际交流场景中的应用。同时，通过融入更多中华文化的元素，如传统节日、历史故事、哲学思想等，使学习者在掌握语言技能的同时，也能深刻理解和欣赏中华文化的独特魅力。

其次，教学方法的革新是推动教育体系完善的关键。随着科技的进步，线上教学、混合式教学等新型教学模式将逐渐成为主流。这些教学模式能够打破地域限制，为学习者提供更加灵活、便捷的学习途径。同时，借助人工智能、大数据等先进技术，可以实现教学资源的优化配置和个性化学习路径的定制，从而提高教学效果和学习效率。

再次，评价体系的完善也是不可忽视的一环。未来的汉语国际教育将建立更加科学、全面的评价体系，不仅关注学习者的语言水平，还将考察其文化素养、跨文化交际等多方面的能力。这种多维度的评价方式将促进学习者的全面发展，同时也为教学质量的提升提供有力保障。

最后，国际合作的深化将是推动汉语国际教育体系完善的重要动力。各国教育机构、学术组织之间的交流与合作将日益频繁，共同推动汉语国际教育资源的共享与互补。通过合作开展教师培训、课程研发、学术研究等活动，将进一步提升汉语国际教育的整体水平和影响力。

（二）汉语作为第二语言的全球普及程度预测

随着中国国际地位的提升和中华文化的广泛传播，汉语作为第二语言的全球普及程度将持续增长。这一趋势不仅体现在学习人数的增加上，还体现在学习群体的多样化和学习需求的多元化上。

首先，从学习人数来看，随着全球对中华文化的兴趣日益浓厚，越来越多的外国人开始学习汉语。特别是在一些与中国经济、文化交流密切的国家和地区，如东南亚、非洲等，汉语学习的热情将更加高涨。

其次，学习群体的多样化也是汉语普及程度提升的重要表现。过去，汉语学习者主要集中在高校、研究机构等学术领域，而现在则逐渐扩展到各行各业。无论是政府官员、企业高管还是普通民众，都越来越意识到学习汉语的重要性。这种学习群体的多样化将促进汉语在国际社会中的广泛应用和普及。

再次，学习需求的多元化也是推动汉语普及程度提升的关键因素。不同的学习者有不同的学习目标和需求，有的希望掌握基本的日常交流技能，有的则希望深入研究中华文化和历史。为了满足这些多样化的需求，汉语国际教育将提供更加丰富多样的课程内容和教学资源。

最后，随着科技的发展和教育模式的创新，汉语学习的门槛将进一步降低。线上教学、智能学习工具等新型学习方式将使更多人能够便捷地接触到汉语学习资源，从而推动汉语在全球范围内的普及和传播。

（三）汉语教育在构建人类命运共同体中的作用与贡献

汉语教育在构建人类命运共同体中发挥着不可替代的作用和贡献。通过汉语教育，可以增进不同国家和地区人民之间的了解和友谊，促进世界文化的多样性和交流互鉴。

首先，汉语教育有助于增进国际间的理解和信任。语言是沟通的桥梁和纽带，通过学习汉语，外国人可以更好地了解中国的历史、文化和社会现状，从而消除误解和偏见，增进相互之间的理解和信任。这种理解和信任是构建人类命运共同体的重要基石。

其次，汉语教育促进了世界文化的交流互鉴。中华文化博大精深、源远流长，通过汉语教育，可以将中华文化的精髓传播到世界各地，让更多人了解和欣赏中华文化的独特魅力。同时，汉语教育也为其他国家和地区的文化提供了一个展示和交流的平台，促进了世界文化的多样性和交流互鉴。

再次，汉语教育为国际合作与发展提供了有力支持。随着全球化的深入发展，各国之间的合作与交流日益频繁。汉语作为中国的官方语言和国际通用语言之一，在国际合作中发挥着重要作用。通过汉语教育，可以培养更多具备跨文化交际能力的人才，为国际合作与发展提供有力的人力资源保障。

最后，汉语教育还推动了全球教育资源的共享和优化配置。通过加强国际间的汉语教育合作与交流，可以实现教育资源的共享和优化配置，提高全球教育的整体水平和质量。这种教育资源的共享和优化配置将为构建人类命运共同体提供更加坚实的基础和支撑。

第二章　对外汉语教学的理论探讨

对外汉语教学经过 21 世纪初的发展和建设，在各方面都取得了令人瞩目的成就。特别是中介语理论的引入、汉语水平测试研究、中高级汉语教学研究、教材编写研究、语言教学中文化问题的讨论、"结构—功能—文化"相结合教学法原则的提出和探讨、语言学习理论研究、语言教育问题的提出和讨论等，不仅活跃了理论研究，而且对学科建设和教学实践的深入都起到了很好的促进作用，成为学科发展和繁荣的重要标志。

第一节　对外汉语的学科理论研究

一、学科理论基础研究概述

第二语言教学是一门跨学科的学科，其学科理论基础对其发展有着重要的影响，因此，对第二语言教学学科理论基础的研究一直是第二语言教学理论研究的重点。汉语作为第二语言教学的重要学科同样十分重视对学科理论基础的研究。下面我们首先回顾一下 20 世纪 80 年代初以来对外汉语教学界的一些基本认识。

吕必松在《关于语言教学的若干问题》中指出，"语言教学法实际上是语言规律、语言学习规律和语言教授规律的总和"，① 探索和阐明这些规律"必须依靠

---

① 吕必松.关于语言教学的若干问题 [J].语言教学与研究，1995（4）：8-19.

语言学、心理学（心理语言学）和哲学的理论指导"，所以"语言学、心理学（心理语言学）和哲学是语言教学法的理论基础"。黎天睦在《现代外语教学法：理论与实践》中着重介绍和分析了现代外语教学法的心理学基础和语言学基础，以及外语教学中的社会与文化因素。[①]

盛炎在《对外汉语教学理论研究中几个问题的思考》中认为，汉语教学理论体系的理论基础"应该是多学科性的，其中哲学、语言学、心理学和教育学是必不可少的"[②]；其在《语言教学原理》中又进一步指出，哲学是语言教学理论体系最深厚的理论基础，现代语言学是汉语教学理论体系最直接的理论基础，心理学也是语言教学理论体系的重要理论基础，教育学与语言教学的关系最为直接、最为密切。[③]

张亚军在《对外汉语教法学》中认为，语言学理论基础和教育学理论基础是中国对外汉语教学体系的理论基础。也就是说，对外汉语教学的理论基础"是以现代语言学理论和传统语法为语言学理论基础，以中国传统的教育学理论中的合理因素作为教育学基础，同时也借鉴了其他外语教学法理论的研究成果"。[④]

刘珣在《对外汉语教育学引论》一书中指出："作为一门交叉学科，对外汉语教学受到多种学科的启示和影响。其中，语言学、教育学、心理学和文化学已成为对外汉语教学最直接、最重要的理论基础。"[⑤]

综上，人们对对外汉语教学的学科理论基础的认识基本是一致的，并且与教学

① 黎天睦. 现代外语教学法：理论与实践 [M]. 北京：北京语言学院出版社，1987.

② 盛炎. 对外汉语教学理论研究中几个问题的思考 [J]. 语言教学与研究，1994（2）：152–160.

③ 盛炎. 语言教学原理 [M]. 重庆：重庆出版社，2006.

④ 张亚军. 对外汉语教法学 [M]. 北京：现代出版社，1990.

⑤ 刘珣. 对外汉语教育学引论 [M]. 北京：北京语言文化大学出版社，2000.

性质相同的我国外语教学界的看法也大致相同。例如，章兼中在《国外外语教学法主要流派》中认为，"外语教学法是一门综合性的科学。它与哲学、教育学、语言学、心理学、社会学等邻近学科有着紧密的联系"。[①] 应云天在《外语教学法》第二章"外语教学法和相邻学科"中同样谈到了外语教学法的理论基础是哲学、教育学、心理学和语言学。[②] 实际上国外同行也持类似看法，例如，坎贝尔认为，语言学、心理学、社会学和人类学理论是外语教学理论的源泉。斯顿认为外语教学的理论基础包括语言教学史、语言学、社会学、社会语言学、人类学、心理学、心理语言学、教育学等研究成果。

需要指出的是，上面引文中所说的"外语教学法"或"语言教学法"都是广义的，指的是教授语言和学习语言的科学，即揭示和探讨第二语言教学规律、教学原理的科学。因此，所谓语言教学法或外语教学法的理论基础（或称相关学科、邻近学科等）就是这里说的第二语言教学或外语教学的学科理论基础。

总之，人们提到的第二语言教学或外语教学的学科理论基础主要的不外乎哲学、语言学、教育学、心理学、文化学这五个主要学科，所提到的其他学科或理论有不少可以看作这几门学科的分支学科或可以归到这几门学科中。比如，与第二语言教学相关的社会学，主要是指社会语言学，而社会语言学是语言学的一个分支。同样，与第二语言教学相关的人类学，主要指的是文化人类学，这部分内容实际上包括在所谓的文化学里。在这五个学科中，哲学无疑是第二语言教学的学科理论基础，因为哲学为任何一门具体学科提供了认识论和方法论的指导。另外，语言学、教育学和心理学几乎是国内外第二语言教学界公认的第二语言或外语教学的学科

---

① 章兼中. 国外外语教学法主要流派 [M]. 福建：福建教育出版社，2016.
② 应云天. 外语教学法 [M]. 北京：高等教育出版社，1997.

理论基础。第二语言或外语教学实际上是一种跨文化的语言教学（这正是它区别于母语教学的一个重要特征），这种教学涉及与目的语相关的文化现象和文化因素，因此文化学中的跨文化交际理论以及文化对比研究的成果自然就成为第二语言教学的理论基础之一。可以说，哲学、语言学、教育学、心理学和文化学是对外汉语教学最重要的理论基础。

二、学科理论研究中的交叉性和出发点问题

由于对外汉语教学的学科理论具有综合性和跨学科性，所以我们在研究具体问题时必然要面临这样一种情况，即研究的内容普遍存在着交叉性。例如，语言理论、文化理论、语言学习理论和一般教育理论这四种基础理论之间存在着交叉性。再如，在讨论语言学习理论问题时，不可能不涉及语言理论、文化理论和一般教育理论方面的问题；在讨论文化理论和一般教育理论时，如果结合语言教学，也不可能不涉及语言理论和语言学习理论。结合语言教学讨论任何一个领域的问题都离不开语言理论，所以语言理论是这四种基础理论的交叉点，其独立性和支配力也最大。

基础理论和教学理论之间存在着交叉性。由于基础理论是教学理论的理论依据，教学理论是对基础理论的综合应用，所以在讨论教学理论问题时，不可能不涉及各项基础理论；在讨论有关的基础理论问题时，只要结合语言教学，就必然涉及教学理论方面的问题。

教学理论和教学法之间存在着交叉性。由于教学理论是教学法的理论依据，教学法必须受教学理论的指导，所以在讨论教学法问题时，不可能不涉及教学理论；研究教学理论的目的是揭示教学的客观规律、指导教学原则的制定以及教学方法

和教学技巧的选择和创新,所以在讨论教学理论问题时也必然要涉及教学法问题。

各个领域内部的各项内容和命题之间存在着交叉性。比如,在教学法内部,教学原则、教学方法和教学技巧有交叉,在讨论教学技巧问题时,一定会涉及教学原则和教学方法。在讨论教学方法问题时,也必然涉及教学原则方面的问题。又如,教学方法内部各项内容和命题之间也有交叉,在讨论言语技能和言语交际技能训练方法时,不可能不涉及语言要素和有关课程的教学。言语技能和言语交际技能的训练是语言教学最基本的手段,在讨论语言要素和有关课程的教学问题时,如果不考虑言语技能和言语交际技能的训练,就有可能背离了问题的实质。

不同的研究内容之间存在着交叉性,这是综合学科和边缘学科理论研究中普遍存在的现象;语言、语言学习和语言教学的复杂性决定了语言教学理论研究中的交叉现象更为突出。因为存在着这样的交叉现象,我们在从事研究工作时,就需要首先确定研究的出发点。以课程研究和技能训练研究为例:课程研究的任务之一是研究某一门课的教学,探讨或揭示这门课的特点和规律,提出这门课的教学内容、教学原则和教学方法以及教材编写和其他有关问题;技能训练研究的任务之一是探讨某项言语技能的训练方法,包括体现在教材中的方法和课堂教学方法以及提供什么样的语言环境等。这两类研究都涉及教材和课堂教学以及体现在教材和课堂教学中的教学方法问题,这就是交叉性。但是这两类研究的出发点和目标都不相同,我们在开展研究和进行总结时,首先要分清研究的出发点和要达到的目标,否则就抓不住研究的中心。再以教学内容和教学方法的研究为例:讨论教学内容和教学方法的文章不少,但是有些文章在论述教学内容问题时,往往不区分讲的是教学的全部内容,还是某一门课或某几门课的教学内容。比如,讲文化内容的教学，往往不区分讲的是文化因素教学在对外汉语教学中的地位，还是专门开设的文化课中的文化内容，或者是语言课中的文化因素，而这几个方面的问题属于不同的命题，虽然都是文化内容，其性质和范围却有很大区别，如果不加以区分和界定，读者就会一头雾水。有些文章在论述教学方法时，往往不区分是体现在教材中的教学方法，还是课堂上的教学方法，或者是传授语言要素或训练某一项言语技能的方法，而这几个不同方面的教学方法所包括的范围是不一样的，如果不严格界定，读者就会不知所云。确定研究项目的出发点和目标是对研究工作最起码的要求，只有这样，研究工作才能步入科学的轨道。

第二节　对外汉语的学科理论基础

一、基础理论

语言教学跟其他教学一样，也有自己的规律，只有按照语言教学的规律进行语言教学，才能取得应有的教学效果。实践证明，语言教学规律是由语言规律、文化规律、语言学习规律和一般教育规律所共同决定的，是这几种规律的综合体现。因此，我们研究语言教学问题时，必须把研究这些规律的理论，即语言理论、相关的文化理论、语言学习理论和一般教育理论作为理论依据，也就是说，上述四种理论都是对外汉语教学的基础理论。

（一）语言理论

对外汉语教学教的是汉语，目的是培养学生的汉语能力和用汉语进行交际的能力。为此，必须有计划地进行汉语的语音、语法、词汇等语言要素的教学，必须有计划地进行听、说、读、写等言语技能和相应的言语交际技能的训练。进行语言要素的教学和言语技能、交际技能的训练必须应用语言理论。这里所说的语言理论，既包括普通语言学理论，特别是其中关于语言的本质和特点的论述，也包括所谓"特殊语言学"理论，即汉语理论和其他有关语言的理论等，尤其是其中关于汉语和其他相关语言特点的论述以及对汉语有关语言的语言事实的描写。对语言事实的描写实际上是对语言规律的描写，具体揭示了语言的规律，所以我们也把它归入理论范畴。作为语言教学的基础理论之一的语言理论还包括语言学的其他分支学科，如社会语言学、对比语言学、比较语言学、语用学、方言学、语言发展史等，语言学的这些分支学科从不同侧面揭示了语言的特点和规律。语言理论总是从宏观和微观两个方面对语言教学发挥指导作用。对于语言的本质和特点的论述是语言教学理论和语言教学法研究不可缺少的理论依据，任何一种语言教学理论和语言教学法流派都要以一定的语言理论作为自己的理论背景。没有结构主义语言学和行为主义心理学，就不会有听说法理论、原则和方法的产生；没有社会语言学和心理语言学，就不会有功能法理论、原则和方法的产生。这就是语言理论对语言教学的宏观指导作用。对语言事实的描写，包括对语音、词汇、语法、修辞、语用规律和规则的描写，关于话语和篇章规律和规则的描写以及有关的定性、定量研究等，对语言教学的总体设计、教材编写、课堂教学和测试等具体教学活动有直接的指导作用，是具体教学活动不可缺少的理论依据。任何一部语言教材都包含着编者对所教语言的规律和规则的认识以及或详或略的描写。可以说，没有对语言的规律和规则的描写，语言教学就寸步难行。这就是语言理论对语言教学的微观指导作用。

（二）相关的文化理论

语言是文化的载体，不同民族之间的文化差异常常表现在语言和交际中，而人们在学习第二语言的过程中，必然会遇到大量不熟悉或难以理解的文化现象，这些文化现象常常成为理解和使用目的语的障碍，因此在开展第二语言教学时必须同时进行与语言理解和语言使用相关的文化因素的教学。要有计划地进行文化因素教学以消除第二语言学习和使用中的文化障碍，就必须应用有关的文化理论。影响语言理解和使用的文化因素多半是隐含在语言的词汇系统、语法系统和语用系统中的，反映一个民族的心理状态、价值观念、生活方式、思维方式、道德标准和是非标准以及风俗习惯、审美情趣等的一种特殊的文化因素，这类文化因素对语言和交际有规约作用，只是本民族人不容易觉察到，只有通过对不同民族的语言和交际的对比研究才能揭示出来。这类文化因素与语言和交际（包括语言交际和非语言交际）密切相关，所以可以称为交际文化，研究这种交际文化的理论可称作交际文化理论；因为这类文化因素只有通过语言和交际的对比研究才能揭示出来，所以研究这种文化的理论也可以称作比较文化理论。这类文化理论也总是从宏观和微观两个方面指导语言教学。作为一种理论系统及其所包含的理论观点，这类文化理论是语言教学理论和教学法研究不可缺少的理论依据，这是宏观方面的指导作用；对文化差异事实的具体描写是总体设计、教材编写、课堂教学和测试等教学活动所不可缺少的理论依据，这是微观方面的指导作用。

（三）语言学习理论

语言学习理论主要是研究语言学习和获得的心理过程、揭示语言学习和获得的客观规律，目前属于心理学和心理语言学研究的范围。语言学习理论的研究对语言教学至关重要，因为如果不掌握语言学习和获得的规律，语言教学就会陷入盲目性误区，语言教学理论也会因为缺少可靠的理论依据而如同一所建立在沙滩之上的房子一样。曾经有人说过，语言教学要研究两个基本的问题，一个是教什么，另一个是怎么教。"教什么"是教学内容方面的问题，"怎么教"是教学法方面的问题，这两个问题之间有一定的内在联系，即"怎么教"是由"教什么"决定的，而不是"怎么教"决定"教什么"。但是，同样的内容也可以用不同的教学法来教，这说明"怎么教"除了要由"教什么"来决定以外，还要由其他因素来决定。在其他因素中，最重要的就是对语言学习规律的认识。因此，研究语言教学至少要着眼于三个方面，即学和教的内容、学习者怎么学、执教者怎么教。只有对这三个方面的问题以及它们之间的相互关系展开全面研究，才有可能全面揭示语言教学的客观规律。

语言学习理论的一个重要组成部分是中介语理论。我们这里所说的中介语主要是指第二语言学习者在学习过程中所形成的一种特定的语言系统，这种语言系统在语音、词汇、语法、语用等方面既不同于学生的第一语言，也不同于目的语，而是一种随着学习的发展向目的语的正确形式逐渐靠拢的动态语言系统。由于这是一种介于第一语言和目的语之间的语言系统，所以人们把它叫作"中介语"或"中间语"。国外中介语研究的部分结果认为，学生习得第二语言的语法结构有一定的顺序，这种顺序与儿童习得第一语言的顺序相似，且这种顺序并不因学生第一语言的不同而不同，但是第一语言不同的人通过某一特定阶段所需时间的长短不一样。这一结论是否符合外国人习得汉语的事实还需要通过研究去证实。如果能够对第二语言学习者的汉语中介语做出全面、客观的描写，对外汉语教学的教学理论和教学实践就可以建立在更加科学的基础之上了。这里专门提出开展中介语研究的问题，因为笔者个人认为，中介语研究可以作为语言学习理论研究的一个突破口，同时可以通过开展这方面的研究去带动错误分析和对比分析研究。把错误分析、对比分析和中介语分析结合起来进行研究，不但对心理语言学研究和语言教学研究是必要的，而且对语言学的研究也具有重要意义。

（四）一般教育理论

语言教学也是一种教育活动，所有的教育活动都要依据一般教育理论。对外汉语教学的许多教学原则，如针对性原则、趣味性原则、循序渐进的原则等，都来源于一般教育理论。对于上面的四种基础理论，我们不可能进行全面的研究。从必要性和可能性相结合的角度考虑，笔者认为我们研究的重点应当放在语言理论、语言学习理论和相关的文化理论方面。即便这样，我们也不可能做到一应俱全，因为每一个内容都非常广泛。在语言理论方面，重点进行全面的研究应当放在汉语研究和汉外对比研究上；在文化理论方面，主要是交际文化的研究；在语言学习理论方面，应当集中较多的力量去开展中介语研究。

二、教学理论

对外汉语教学理论的研究对象是对外汉语教学本身，研究的内容十分广泛，涉及整个教学过程和全部教学活动以及与教学相关的各种内部和外部因素在教学中的作用。例如，对外汉语教学的性质和特点；教学结构及其各构件之间的相互关系；教学类型和课程类型；关于总体设计、教材编写、课堂教学和测试等各个教学环节的理论；有关课程的特点和规律；语言要素教学的特点和规律；言语技能和言语交际技能训练的特点和规律；与教学有关的各种因素在教学中的作用等。

对外汉语教学理论研究的目的是揭示对外汉语教学的客观规律。前面提到，语言教学规律是由语言规律、文化规律、语言学习规律和一般教育规律等共同决定的，是这几种规律的综合体现。要揭示对外汉语教学的客观规律，要使对外汉语教学成为一门真正的科学，就必须通过专门研究，从语言理论、相关的文化理论、语言学习理论和一般教育理论中吸取有用的成分，加以综合、梳理，将这些有用的成分统一起来，形成能够全面指导对外汉语教学的理论系统。这样的理论系统就是对外汉语教学的教学理论。这样的理论系统同时也说明，对外汉语教学理论具有综合性和跨学科性。这也是对外汉语教学本身的重要特点。如果仅仅以某种基础理论，如仅仅以语言理论或仅仅以一般教育理论指导对外汉语教学，就容易产生片面性。对外汉语教学理论的综合性和跨学科性决定了它是唯一能够全面指导对外汉语教学的理论，是对外汉语教学学科理论的核心，是对外汉语教学学科存在的主要标志，它的成熟程度代表了这个学科的成熟程度。可以说，对外汉语教学的学科理论不成熟，主要是指教学理论不成熟，因为我们的教学理论还没有形成完整的系统。

研究对外汉语教学理论不但要综合应用有关的基础理论，而且要在应用这些基础理论时从对外汉语教学的实际需要出发，紧密结合对外汉语教学的实践经验，包括有计划的调查研究和教学试验。之所以强调这一点，是因为有关基础理论的内容非常广泛，而且学派林立，其中许多理论都还处于发展的过程中，有的甚至还处于发展的初期。如果不从教学的实际需要出发，就不知道众多的基础理论中哪些是有用的成分，就会把大量与对外汉语教学无关的理论当成有用的理论，或者把次要的当成主要的，眉毛胡子一把抓，从而影响教学理论自身的简明性；如果不结合教学实践经验，就会把基础理论中所有的理论观点都当成正确的理论，就会对各种理论观点不加分析地兼收并蓄，从而影响教学理论自身的科学性。对外汉语教学理论研究不应当仅仅是对语言理论、有关的文化理论、语言学习理论和一般教育理论的被动应用，而应当是一种主动创造的过程。要使对外汉语教学理论的研究具有创造性，就应当根据教学实际的需要从有关基础理论中吸取有用成分，并加以综合、梳理，从而做到融会贯通；对不同的理论观点则要根据教学经验，特别是有目的、有计划的教学试验，辨明是非，加以取舍；对被教学实践充分证明为不全面、不正确的理论观点加以补充、修正；对尚未发现或尚未被多数人认识的理论，要通过研究去发现并进行阐述。对外汉语教学理论研究的任务之一就是用研究成果去补充、修正相关的基础理论，阐明尚未被多数人认识的理论。

三、教学法

（一）教与学的关系

教与学的关系涉及的主要问题是以教师为中心还是以学生为中心。以学生为中心这一理念已经得到了广泛认可。所谓以学生为中心，就是教学计划的制订、教学内容的选择和编排、教学方法的优化和运用等，都必须从学生的特点出发，充分考虑学生的年龄特征、文化程度、原有语言与目的语的关系、学习目的和实际需要等。在课堂上，主要的活动者是学生而不是教师，整个课堂教学过程就好比演戏，学生是演员，教师是导演。以教师为中心，就是不考虑学生的特点，教师根据主观设想和传统习惯决定教学内容和教学方法。在课堂上，教师演独角戏，一个人包揽整个课堂活动。笔者认为，教师在教学中只能起主导作用，不应当成为教学的中心，这就是以教师为主导、以学生为中心的原则。

（二）教学内容与教学方法的关系

是教学内容决定教学方法，还是教学方法决定教学内容，应当根据教学内容而定。以言语要素中的语法教学为例：有些语法点的讲解适合用归纳法，有些语法点的讲解适合用演绎法，但是采用演绎法还是采用归纳法，要看是什么样的语法点，不应当首先认定语言知识的教学只能用归纳法，然后根据这样的思路编排教学内容。这就是教学内容决定教学方法的原则。当然，教学方法不但要由教学内容来决定，而且要由其他因素来决定，因为同样的内容也可以用不同的方法教授。

（三）教学内容中语言与文化的关系

要防止两种倾向：一种是只教语言，不介绍与语言理解和语言使用有密切关系的文化背景知识，另一种是把语言教学仅仅当成传播文化知识的途径。这两种倾向都不符合语言教学的要求。语言教学就是教语言，但是为了使学生正确理解和正确使用所学的语言，教师必须结合有关言语内容的教学和言语技能、言语交际技能的训练介绍有关的文化背景知识。虽然我们认为文化知识的教学是语言教学不可缺少的内容，但必须强调指出，因为我们所说的文化知识存在于语言和语言交际之中，所以在教学方法上，文化知识的教学应当从属于言语要素的教学以及言语技能和言语交际技能的训练，与言语要素的教学以及言语技能和言语交际技能的训练紧密地结合起来。这就是语言教学与文化教学相结合的原则。

（四）形式结构教学与语义结构教学的关系

在结构主义语言学以及以结构主义语言学和行为主义心理学为理论基础的"听说法"的影响下，语言教学中普遍存在着忽视语义结构教学而造成形式结构与语义结构相脱节的情况。这是语言教学中存在的弊端之一。人们学习语言必须建立

4000

形式结构和语义结构的联系，因此，在教学中必须把形式结构教学与语义结构教学有机地结合起来。这就是形式结构教学和语义结构教学和谐统一的原则。

（五）言语要素的教学与言语技能和言语交际技能训练之间的关系

一个人对语言的掌握最终要体现在言语技能和言语交际技能上。言语技能和言语交际技能是个人运用语言的技能，总是与具体的人联系在一起的。因此，从课本上看不到言语技能和言语交际技能，只能看到包含言语要素的言语材料。教师上课的时候，就是要利用课本上的言语材料训练学生的言语技能和言语交际技能。对课本照本宣科只是在传授言语要素而不是训练言语技能和言语交际技能，这不是语言教学。现在有许多语言教材缺少训练言语技能和言语交际技能的练习项目，多数练习项目都是理解性练习，缺少真正的交际性练习，这也不符合语言教学的要求。无论是语言教材中还是课堂教学，语言要素的教学都要围绕言语技能和言语交际技能的训练来进行。这就是以言语技能和言语交际技能训练为中心的原则。

（六）理论讲解与言语操练的关系

不同的教学对象要区别对待。例如，对文化程度较低、没有任何语言学知识的学生不宜讲解语言理论和语言知识，要结合实物和实情，结合语言环境和上下文进行言语操练。对有一定语言学知识或理解能力较强的学生可以适当介绍一些理论知识，但是要结合所学的言语材料，目的是让学生正确理解和使用所学的语言，帮助他们举一反三，不能为理论而理论。理论讲解的时间不宜过多，一般不宜超过课堂教学时间的四分之一，最多不应超过课堂教学时间的三分之一。对文化程度较高的学生可以多讲一点语言知识，但是最好也不要超过课堂教学时间的三分之一。这就是"精讲多练"的原则。

以上关于对外汉语教学的研究对象和研究范围的认识与国外某些学者在认识上主要有以下几个方面的区别：语言教学的基本理论不但包括语言学，而且包括心理语言学、语言教育学和"比较文化"的理论，不赞成把语言学以外的理论都看成应用理论；我们主张把语言教学的全过程和全部教学活动概括为总体设计、教材编写、课堂教学和测试四大环节，并主张把它们作为一个整体进行研究，即使对四大环节中的任何一个环节进行专门的研究，也要以整个教学过程和全部教学活动为背景，跟其他教学环节相联系，不赞成采取把某一个局部孤立起来进行就事论事的研究方法；我们认为，无论是对教学全过程的研究，还是对四大环节中任何一个环节的研究，都是对语言理论、语言学习理论、"比较文化"理论和一般教育理论的综合应用，不应看成仅仅是对语言学的应用；语言教师不但要从事具体的教学工作，而且要开展科学研究，不但要研究应用理论，而且要研究基础理论，不但是理论的消费者，而且是理论的生产者。

四、关于几个概念范畴的讨论

每个学科都有自己特定的概念范畴，每个概念范畴都有自己特定的含义。概念范畴不统一就无法进行交流，也必然会影响学科理论的发展。我们在对外汉语教学的理论研究中还存在着一些概念不统一的现象。概念不统一有时是允许的，也是难以避免的。但是如果概念的含义跟别人的不同，最好能够进行解释说明；如果是提出一个新概念，更应当对这个新概念的含义进行解释。我们的许多术语都是从国外引进的，当引进一个术语的时候，往往也同时引进了这个术语的内涵。

但是术语的内涵往往会随着理论研究的发展而变化，有时某一个术语的内涵已经发展了，有的人却不了解，仍然沿用原来的内涵，这就影响了交流中的互相理解。此外，不是所有被引进的术语的内涵都那么科学，都那么符合实际。下面就怎样理解几个常用术语内涵的问题谈谈笔者个人的看法，供同仁参考。

（一）关于"第一语言"和"第二语言"以及"母语"和"外语"

在一些西方学者的著作中，第二语言除与第一语言相对以外，还有另一层含义，就是专指在目的语环境中学习和使用的第一语言以外的语言。例如，外国人在中国学习和使用汉语，因为其处在汉语的环境中，所以汉语是他们的第二语言；同样，中国人在美国学习和使用英语，英语就是他们的第二语言。在非目的语的环境中学习第一语言以外的语言，这种语言就称为外语。例如，中国人在中国学习英语，美国人在美国学习汉语，那么英语和汉语就分别是他们的外语。按照这样的区分原则，第二语言除与第一语言相对应以外，与外语也有一定的对应关系。这一观点似乎已被我国学者普遍接受。此外，一般人都认为第一语言就是母语。

根据学习环境区分第二语言和外语，把第一语言和母语等同起来，实际上会遇到很多问题。例如，在我国某些少数民族地区，虽然有些人在有些场合说汉语，但在日常交际中通行的还是当地民族的语言，在那里学习汉语的少数民族家庭中一般也没有汉语环境，也就是说，他们是在非汉语的环境中学习汉语。我们能不能因此就说他们学习汉语是学习外语？答案当然是否定的。又如，许多遍布在世界各地的华人子女的第一语言是当地的语言，有些人是在当地的学校里学习汉语，如果说当地的语言是他们的母语，他们学习汉语是学习外语，这样的说法肯定是不正确的，因为汉语毕竟是他们本民族的语言。同样，有一些外国儿童在中国出生后首先学会的是汉语，然后学习他们的本国语言，如果因此就说汉语是他们的母语，学习他们本国的语言是学习外语，恐怕他们也不会接受。美国人把学习环境作为区分第二语言和外语的标志是有特殊原因的。在美国，外国移民很多，这些移民多半是一边做事、工作，一边在学校里或在自然环境中学习英语，学和用结合得很紧密。这些移民学习英语的情况与美国人学习外国语言的情况自然大不一样，在这样的背景下，根据语言环境来区别第二语言和外语是可以理解的。但是如果把这样的区分标准当成普遍原则，在许多情况下是说不通的。

不应当把第一语言和母语的关系、第二语言和外语的关系看成简单的对应关系，而应该把它们看成是从不同的角度进行命名所产生的不同的概念。母语是从亲属关系的角度命名的，一般是指本民族的语言，是相对于外国语或外族语而言的。第一语言和第二语言是从学习的先后顺序的角度命名的，它们互相对应。外语是从国别的角度命名的，指的是外国语言，是相对于本国语言来说的。

因为是从不同的角度命名的，所以母语和第一语言的关系以及外语和第二语言的关系并不是简单的对应关系，而是一种既对应又交叉的关系。它们之间的交叉关系主要表现为第一语言也有可能是外语。例如，世界上有许多儿童是在国外出生和成长的，他们出生后首先学习和习得的是当地的语言，他们的第一语言既不是本民族的语言，也不是本国语言，而是外国语。所以第二语言也有可能是母语。

第一语言和第二语言有可能既不是母语，也不是外语，而是本国其他民族的语言。例如，某些海外华裔儿童的第一语言是当地的语言，中国少数民族第二语言是汉语，就是本国其他民族的语言。当然，在多数情况下，第一语言是母语，第二语言是外语。因此也可以说，第一语言和母语之间的关系以及第二语言和外语之间的关系是一种包容关系。我们说对外汉语教学既是一种第二语言教学，又是一种外语教学，就是基于这样的认识。

（二）关于"学习"和"习得"

在研究语言学习和语言教学的著述中，"学习"和"习得"（"习得"也叫"获得"）这两个术语的使用越来越广泛，但是人们对这两个术语的理解或解释并不完全相同。对这两个术语的不同的理解或解释实际上反映了人们对语言学习和习得规律的不同认识。

"语言学习"和"语言习得"这两个术语是从英语的 Language learning 和 Language acquisition 对译过来的。20 世纪 60 年代以来，一些西方学者为了研究语言学习规律，特别是为了研究第一语言学习和第二语言学习的不同规律，便用 learning 和 acquisition 这两个不同的术语来区分不同性质的语言学习。但是由于不同的学者对语言学习和习得规律的认识很不一致，因此在不同学者的著述中，这两个术语的含义也不完全相同。

施密特在《应用语言学入门》中认为："语言习得是在幼儿时期开始的，是在幼儿获得其他许多技能以及有关我们这个世界的其他许多知识的同时进行的。语言学习，也就是学习一种第二语言，一般都开始于较后的阶段，开始于语言运用已经定型、身心成熟的其他许多过程已经完成或者趋于完成的时候。"[①] 这段话代表了传统的看法，即"习得"适用于幼儿获得第一语言，"学习"适用于成年人学习第二语言。根据这种传统的看法，First language acquisition（第一语言习得）和 Second language learning（第二语言学习）是固定的用法，不能说 Second language acquisition（第二语言习得），也不能说 First language learning（第一语言

---

① 施密特 . 应用语言学入门 [M]. 徐晶凝译 . 北京：世界图书出版公司, 2010.

学习）。这种传统的看法在我国学者中有着一定的影响。

克拉申等人早已发展了上述语言习得的理论。首先，克拉申不是从先后性、阶段性上区分"习得"和"学习"，而是从"有意识"和"无意识"方面来区分。他提出：语言习得是一种下意识的过程，语言习得者通常并没意识到他们是在学习语言，只是意识到他们在用特定语言进行交际；语言学习是有意识地学习第二语言的知识，知道特定的规则，感觉到这些规则并能够谈论这些规则。其次，克拉申认为不但幼儿有语言习得，成年人学习外语也有语言习得。他认为成年人学习外语有两种途径，一是在教师的辅导下系统地学习，这种学习是有意识的，从学习中获得的语言知识虽然储存在左半脑，但是不储存在语言思维的部位；二是在自然环境中习得语言，这种语言能力的获得是无意识的，习得者主观上没有做任何努力，这样习得的语言储存在左半脑负责语言思维的部位。克拉申认为"学习"和"习得"是两种互相独立、毫不相干的过程，在第二语言学习中这两个过程都是不可缺少的，通过"学习"获得的语言知识可以用来监控自己的语言，也就是在说话时用来编辑、调节、检查、纠正自己的语言。克拉申关于有意识学习和无意识习得的观点，关于成年人掌握外语不但通过学习，而且也通过习得的观点，实际上已被广泛接受。但是，他关于"学习"和"习得"是两种完全独立的、毫不相干的过程的观点以及通过这两种方法所掌握的语言知识是不可互换、不能互相作用的观点受到了许多批评。有些学者认为，有意识地学习语言有利于无意识地习得语言，通过学习获得的语言知识在语言练习中会自然转化为习得的知识，在课堂上学到的知识会自然地被运用于语言交际中，自然地变为习得的语言知识。

现在似乎已经形成了这样的共识："学习"是"有意识"的行为，"习得"是

"无意识"的过程；幼儿获得第一语言是"无意识"的，因此获得语言的过程是"习得"，成年人在课堂上学习第二语言是"有意识"的，因此是"学习"，在自然环境中学习是"无意识"的，因此是"习得"。因为成年人学习第二语言也有"习得"，所以，Second language acquisition 这样的术语已普遍使用。用"有意识"学习和"无意识"学习来区分"学习"和"习得"不一定能解决实际问题。因为到底什么是"有意识"的，什么是"无意识"的，二者的界限是什么，并不十分清楚；成年人在课堂上学习第二语言是否都是有意识的，幼儿和儿童学习第一语言是否都是无意识的，也需要进一步研究。

例如，在交际性原则指导下的课堂教学大部分时间都用于传授言语要素，训练言语技能和言语交际技能，大量的课堂活动相似于或接近于真实的交际，在这样的情况下学习言语要素并进行交际性练习，是不是都是学习语言知识？如果不都是学习语言知识，算不算有意识的学习？

以上例子说明，在许多情况下所谓"有意识"学习和"无意识"学习实际上是难以区分的，即使可以区分，至少在汉语中，在表达上也难以划定严格的界限。例如，在谈论幼儿的语言问题时就很难避开"学习"二字。如果在谈论幼儿获得语言的情况时总免不了要用"学习"二字，那么就有可能混淆"学习"和"习得"的含义。

我们可以从另一个角度来区分"学习"和"习得"，这就是把"学习"看作一种行为，把"习得"看作一种过程——通过"学习"获得语言的过程。无论是幼儿跟周围的人学说话，还是成年人在课堂上跟老师学说话，都是一种学习行为，都应当叫作"学习"，不能认为幼儿不通过学习就能自动获得语言。幼儿获得第一语言的过程和成年人获得第二语言的过程都是通过学习获得语言的过程，都应当叫作"习得"。这样，"学习"和"习得"的关系也是一种包容关系，"习得"包含在"学习"之中。当然，幼儿学习和获得第一语言的方法和过程与成年人学习和获得第二语言的方法和过程不完全相同。我们的任务就是研究第二语言学习与第一语言学习的相同和不同之处，第二语言习得与第一语言习得的相同与不同之处。这样区分"学习"和"习得"不但可以避免"行文上的无所适从"，而且更符合语言学习和语言习得的实际情况。

（三）关于"汉语教学"和"对外汉语教学"

"对外汉语教学"这个术语最初来自"对外汉语教学研究会"，指的是对外国人的汉语教学。这个含义在成立研究会的筹备会上讨论得很清楚，当时提出讨论的名称还有"汉语作为外语教学研究会""汉语作为第二语言教学研究会"等。之所以没有采用"汉语作为外语教学研究会"这个名称是因为与会者觉得这个名称太长，也有人认为这样的结构形式不符合汉语的习惯；除此以外，还因为如果用"第二语言教学"，就意味着要包括对我国少数民族的汉语教学，而当时的与会者一致认为不应当包括对我国少数民族的汉语教学，所以最后决定采用北京大学提出的"对外汉语教学研究会"这个名称，从而排除了"第二语言教学"的提法，用"对外"表示"专对外国人"。由此可见，"对外汉语教学"的确切含义是"对外国人的汉语教学"，英文直译应当是 The teaching of Chinese to foreigners。外国人在他们本国进行汉语教学不是教外国人，所以就不能叫作"对外汉语教学"。"世界汉语教学学会"这个名称中就没有"对外"二字。现在的"对外汉语教学""德国的对外汉语教学""日本的对外汉语教学"等说法是误用。在讨论学术问题时，如果不是专指"对外国人",所讨论的问题在各种类型的汉语教学中有普遍意义,就不必用"对外"二字。"汉语教学"的内涵更广,既包括中国人对外国人的汉语教学,也包括中国人对中国少数民族的汉语教学,还包括外国人对外国人的汉语教学,而这几种汉语教学的基本规律是一致的,或者说是相通的。到目前为止,我国并没有专业的汉语教学,中小学只有语文教学,大学的"汉语专业"实际上是"汉语语言学专业"。当然,笔者不是说可以取消"对外汉语教学"这个术语,也不是说这个名称起得不对,只是说不要泛化地使用这个术语,如果讨论的问题在各种类型的汉语教学中有普遍意义,用"汉语教学"更具有概括性。

"对外汉语教学"这个术语产生以后,又出现了"对外汉语"的提法。笔者认为"对外汉语"的说法是不通的,因为"汉语"本身并没有对内、对外之分,教育则可以对内或对外。在"对外汉语教学"这个术语中,"对外"是修饰"汉语教学"的,而不是修饰"汉语"的。因此"对外汉语"一说是值得商榷的。

第三节 对外汉语的学科理论体系

一、学科理论体系研究概述

第二语言教学的学科理论体系问题是第二语言教学理论研究的重要内容。20世纪90年代以来,在汉语作为第二语言教学的理论研究中,对学科理论体系本身的研究更加自觉。

吕必松在《对外汉语教学发展概要》中,把对外汉语教学的学科理论概括为教学理论和基础理论两个方面。[①] 教学理论是学科理论的核心,是学科存在的主要标志,它通过对教学的性质和特点、教学过程和教学活动以及与教学有关的各种因素的描写与概括,揭示教学的客观规律,提出教学法原则,以推动各项教学活动沿着科学化、规范化和标准化的方向前进。对外汉语教学的基础理论包括语言理论、语言学习理论和比较文化理论。教学理论的发展是随着基础理论的发展而发展的,教学理论的发展对基础理论的研究也有促进作用。在《再论对外汉语教学的性质和特点》《对外汉语教学的理论研究问题刍议》和《对外汉语教学概论(讲义)》等论著中,吕必松又进一步把教学法纳入学科理论体系中,从而把对外汉语教学的学科理论概括为基础理论、教学理论和教学法三个方面,并指出这三个方面的内容就是对外汉语教学学科理论研究的范围。其中,《对外汉语教学概论(讲义)》把对外汉语教学的基础理论重新概括为语言理论、语言学习理论和一般教育理论,从而在基础理论中增加了"一般教育理论",而把原先基础理论中的"比较文化理论"纳入"语言理论",指出"语言理论也包括近年来发展起来的文化语言学理论"。该书还对教学法做了明确的界定,指出第二语言教学的教学法贯穿在总体设计、教材编写、课堂教学和测试等整个教学过程和全部教学活动中。教学法是总称,它包括教学原则、教学方法和教学技巧等不同层次的内容。至此,吕必松对对外汉语教学的理论体系的概括大致为:基础理论——语言理论、语言学习理论和一般教育理论;教学理论——研究教学本身,揭示第二语言教学规律,是一种综合性应用理论;教学法——教学原则、教学方法和教学技巧。

崔永华在《对外汉语教学学科概说》中把对外汉语教学学科理论体系概括为三个层次:学科支撑理论,包括语言学、心理学、教育学和其他;学科基础理论,

---

① 吕必松. 对外汉语教学发展概要 [M]. 北京:北京语言学院出版社,1990.

包括第二语言教学理论、语言学习理论、语言习得理论、汉语语言学、学科方法论、学科发展史；学科应用理论，包括总体设计理论、教材编写理论、课堂教学理论、语言测试理论、教学管理理论。其中，学科支撑理论是第二语言教学理论（对外汉语教学学科理论）赖以形成的相关、相邻学科的理论；学科基础理论是指导本学科教学和研究实践的基本指导思想和方法论；学科应用理论是在本学科的基础理论上建立起来的直接指导学科教学实践的理论。①

刘珣在《对外汉语教育学引论》一书中把对外汉语教学的学科体系分成三个部分：理论基础，包括语言学、心理学、教育学、文化学、社会学、横断科学及哲学；学科理论，包括基础理论和应用研究两部分，前者包括对外汉语语言学、对外汉语教学理论、汉语习得理论和学科研究方法学，后者指运用相关学科和本学科的基础理论，对总体设计、教材编写、课堂教学、测试评估、教学管理和师资培养等方面进行专门研究；教育实践，既包括对汉语作为第二语言的学习者的教育，也包括未来对外汉语师资的教育，既是学科理论服务的对象，也是学科理论产生的土壤。②

可以看出，以上三位学者所展示的对外汉语教学学科体系既有共同之处，也有各自的特色。相同之处在于他们都把学科体系划分为三个层次，都有基础理论和应用理论的内容（尽管说法不尽相同），都强调学科的综合性、跨学科性和应用性，并且在主要的、实质的内容方面看法大致相同。不同的部分主要在于吕必松的体系中有"教学法""学科发展史""教育实践"的内容。比较起来，崔永华和刘珣的体系更为接近，几乎没有人的区别，与吕必松的体系相比，这两位学者的体

① 崔永华.对外汉语教学学科概说 [J].中国文化研究，1997（1）：108–115.
② 刘珣.对外汉语教育学引论 [M].北京：北京语言文化大学出版社，2000.

系中都有汉语语言学、学科方法论、教学管理理论，以及总体设计、教材编写、课堂教学、测试评估等方面的内容。在以上三位学者的体系模式中，吕必松的体系提出的最早，并得到修正和完善，在对外汉语教学界影响较大；后两者提出较晚，但考虑细密，且有所创新。为进一步了解有关情况，下面介绍国外第二语言教学界和国内外语教学界同行对第二语言教学学科理论体系的论述，以便更好地概括对外汉语教学的学科体系。

英格拉姆认为，语言学、心理语言学、社会语言学、心理学和社会学等基础学科是理论科学家的研究领域，他们的研究成果为应用语言学家的研究提供了理论依据和启发。[①] 应用语言学家在此基础上制定语言教学的原则，并应用于教学大纲、教学目标的制定和教学方法的选择，这些内容通过外语教师的课堂教学实践的检验而成为应用语言学理论的一部分。外语教师根据应用语言学家的理论进行课堂实践并在实践中获得某些技巧和方法。

斯顿提出了外语教学三个层次的理论模式：第一层次是理论基础，包括语言教学史、语言学、社会学、社会人类学、人类学、心理学、心理语言学、教育学等研究成果；第二层次为中间层次，主要是应用型理论，包括学习理论、语言理论和教学理论；第三层次为实践层次，包括方法和组织机构。[②]

束定芳、庄智象把外语教学理论的研究划分为本体、实践和方法三个层次。本体论层次，研究语言和语言使用的本质及外语学习过程的本质，可以吸收普通语言学、社会语言学、语用学、心理学、心理语言学等的研究成果；实践论层次，研究外语教学的具体实施，包括教学的组织机构、教师培训、大纲的制定、教材编写、

---

① （英）贝弗利·英格拉姆（Beverly Ingram），（英）卡罗尔·金（Carol King）著；杨敏等译注. 剑桥英语写作入门教程 学生用书 [M]. 济南：山东画报出版社，2001.07.

② Stern,H.H.,1983,Fundamental Concepts in Language Teching ,OUP.

测试评估等；方法论层次，研究教学实践中贯彻教学原则的手段和方法。①

应云天把外语教学法体系分为教学思想和课程设计两大部分，前者是后者的指导思想和原则，后者是前者的体现。其中教学思想是指对语言特性、社会功能及掌握外语的过程等的认识；课程设计包括如何确定教学目的、教学内容、教学流程和教学方法。②

不难发现，这几位学者的观察角度不尽相同。比较来说，后四位主要着眼于从第二语言教学的整个过程来谈学科的理论研究内容，理论色彩较淡而工作流程色彩更浓；前三位主要着眼于从第二语言教学的学科理论体系本身来谈学科的理论研究内容，理论色彩更浓而工作流程色彩较淡。尽管如此，后四位学者无论是从外语教学模式的角度，还是从外语教学法体系构成的角度，对外语教学理论体系所做的论述和概括，对对外汉语教学学科理论体系的研究都是很有启发和借鉴意义的。其中最重要的一点就是，理论研究和理论体系的构建应着眼于教学实际，紧密结合并服务于教学实践的需求，解决教学过程中的理论问题。事实上，后四位学者和前三位学者的基本观点非但不矛盾，而且大有不谋而合之处。例如，除应云天以外的前六位学者都把教学理论研究的内容划分为三个层次或三个部分。而且在具体层次上也有诸多相同之处，例如，崔永华的"学科支撑理论"、刘珣的"理论基础"，英格拉姆的"基础学科"、斯顿的"第一层次"、束定芳和庄智象的"本体论层次"在内容、定位和预想功用等方面基本一致；其他两个层次或部分也大体相似。不过，国外第二语言教学界和国内外语教学界的同行似乎更强调不同层次上理论的"转化"，特别是强调理论家、应用语言学家和外语教师的"分工"，如英格拉姆强调

---

① 束定芳，庄智象.外语、第二语言、母语及其它 [J]. 外语教学，1994（2）：15-19.

② 应云天.如何学习外语 [M]. 上海：同济大学出版社，1995.

转化不可谓错，因为第二语言教学或外语教学是应用性较强的交叉学科，但是过于强调分工则与第二语言教学或外语教学的实际不大相符，实际上也过于低估了语言教师应有的地位和作用。

二、对外汉语教学的学科建设体系

从以上概述可以看出，第二语言教学和外语教学界对学科理论体系的看法尽管有不少相近之处，但在观察的角度、体系构成的格局及具体内容方面还存在一定分歧。一个值得关注的现象是，有学者把所谓的学科理论基础看成是学科理论体系的一部分，这恐怕是有问题的。此外，把诸如教材编写、大纲编制、学科发展史、学科方法论、教学管理、师资培养、教育实践等属于学科应用研究、学科发展建设方面的内容也看成是学科理论体系的内容，同样也是不妥的。因为这涉及什么是学科理论体系，体系的形成和概括应依据什么标准的问题。上面所提到的教学管理、师资培养、教育实践，乃至教材编写及其研究能否都看成是学科理论体系的组成部分？如果不能，那么该把它们归到什么范畴中去？它们与学科的基本理论或者说学科的基本理论体系是什么关系？诸如此类的问题都缺乏应有的研究。为此，笔者打算在前人研究的基础上对有关问题做进一步的探讨和概括，提出"对外汉语教学学科建设体系"和"学科发展建设"这样两个概念，并重新确立学科基础理论、学科基本理论、学科应用理论的内涵和地位。

所谓学科建设体系，包括有关学科理论的各个方面和教学实践的各个环节，以及学科发展和建设所涉及的各项内容，它由学科理论基础、学科基本理论、学科应用理论和学科发展建设四个部分组成。学科建设体系概念的提出主要是基于第二语言教学（对外汉语教学）是一门在多种学科理论支持下形成的交叉学科，是一门实践性极强的应用学科的特点，因而有待进一步发展和探索的客观现实。对外汉语教学学科建设体系的基本内容包括以下几个方面：

（一）学科理论基础

这是对外汉语教学学科的基本理论赖以形成的基础，是由对外汉语教学的跨学科性决定的，主要包括哲学、语言学、教育学、心理学和文化学。学科理论基础是对外汉语教学学科发展和建设应关注的重要内容，也是对外汉语教学理论研究的主要内容之一。不关注学科基础理论的研究现状、发展趋势和重大进展，对外汉语教学就失去了可持续发展的基本条件。所以，对对外汉语教学学科理论基础的研究应该是对外汉语教学理论研究的一部分，这一点是毋庸置疑的。但是，对外汉语教学的学科理论基础本身并不等同于对外汉语教学的学科基本理论，对学科理论基础的研究及有关成果可以看作对外汉语教学学科建设（体系）的成果，但不应看作对外汉语教学学科基本理论（体系）的成果，这也是毋庸置疑的。因为学科基础理论及相关学科都属于各自独立的学科，有各自的研究对象、研究目的、研究方法、研究手段和理论体系。同时，这样的研究成果（如汉语语言学）在绝大多数情况下都不能直接应用到对外汉语教学实践中去；而教学中遇到的难点（包括急需解决的一般性问题）或者不是学科理论基础研究所关注的重点问题，或者研究目的和角度等与教学的实际需要大不相同。

（二）学科基本理论

这是对外汉语教学学科的核心理论，是学科存在的标志，它能够全面指导对外汉语教学实践和对外汉语教学学科应用理论的研究。学科基本理论虽具有跨学科的性质，但它是在学科理论基础的指导下，结合教学实际需要而形成的服务于教学的理论，体现着学科的性质和特点。因此，它是对外汉语教学最基本、最直接、最有应用价值的学科理论。学科基本理论的形成及其体系的建立应该符合三个条件：第一，在学科理论基础（体系）中可以找到确定的支撑理论。第二，能够体现对外汉语教学实践的两个根本问题即"教什么"和"怎么教"（包括"学什么"和"怎么学"）的理论。第三，能够作为学科应用理论研究的理论基础，即能够全面指导有关教学的应用研究。符合这三个条件，便有可能做到有内在联系、有来源、有应用，能指导教学实践、能解决实际问题，前后连贯、逻辑一致，简明周到、科学实用。据此来看，对外汉语教学的学科基本理论应包括学科语言理论、语言学习理论、语言教学理论、跨文化教学理论。它们的支撑理论分别是语言学、心理学、教育学和文化学，也分别包括具有广泛支撑性的哲学；其中，学科语言理论和跨文化教学理论主要帮助第二语言教学解决"教什么"（包括"学什么"）的问题，语言学习理论和语言教学理论主要解决第二语言教学"怎么教"（包括"怎么学"）的问题；这些理论及其各自所包含的具体内容能够指导教学目标的确立、教学大纲的制定、教材的编写及评估测试等相关学科的各项应用理论研究。学科基本理论（体系）中的每种理论都包含若干个理论研究的具体范围和方向。应该指出的是，学科的理论基础是学科基本理论形成的依托，但是学科基本理论的研究反过来也能够促进学科理论基础的研究。例如，学科语言理论研究中包括对所教授语言（特定语言学）的面向教学需要的语言本体研究，而这样的研究往往能够发现一些面向语言理论研究需要的语言本体研究所发现不了的重要语言现象，从而拓宽语言本体研究的范围，促进语言本体研究的深入，丰富理论语言学研究的成果。

（三）学科应用理论

这是对外汉语教学学科基本理论的应用和体现，即综合运用对外汉语教学的基本理论来研究教学中的某一实际问题，如教材编写的理论研究、测试理论研究、课程设计研究等。这类研究所形成的有关理论适用面最集中、应用性最强。学科应用理论研究的范围主要包括教学目标研究、教学大纲研制、学科课程设计、学科课程建设、测试理论研究、评估理论研究、教材编写理论研究、课堂教学研究、教学技巧研究等。同样，对外汉语教学应用理论赖以形成的依托是对外汉语教学的学科基本理论，而学科的应用研究反过来也能够为学科基本理论的研究提供启发和借鉴。例如，课堂教学技巧的探索往往能够促进语言教学理论中教学原则理论的研究。

（四）学科发展建设

这是对外汉语教学作为一门学科尤其是作为一项事业可持续发展所必不可少的方面，主要包括师资队伍建设、教师进修培训、教学管理研究、学科发展规划、教学实践研究、教学技术开发、教学资源管理、学科历史研究等。有关学科可持续发展和建设的调查和研究主要依托于学科应用理论的研究成果和学科应用研究所反映出的问题。例如，课堂教学的调查研究所反映出的问题可以进一步促进教学管理研究、师资队伍建设、教师进修培训等的研究；反过来，学科发展建设方面的进步也能够促进学科应用理论的研究，比如，教学实践的深入、教学新技术的开发往往能够丰富课程设计的理论和实践方式，促进课程体系建设。

根据以上的论述可以发现，对外汉语教学学科建设体系组成部分之间的关系为：学科理论基础→学科基本理论→学科应用理论→学科发展建设，依次构成前者对后者理论上的指导关系、启发关系；学科发展建设→学科应用理论→学科基本理论→学科理论基础，依次构成前者对后者理论上的依托关系、促进关系。上面这种动态的相互关系构成了对外汉语教学学科建设体系的内在联系和对外汉语教学可持续发展的基础。对外汉语教学的学科理论体系由基本理论（体系）和应用理论（体系）构成，它们是对外汉语教学学科建设体系中的一部分，也是最重要的一部分。其中前者更为根本，最能体现学科的属性，具有学科唯一性（只为某一学科所具有），因而是第二语言教学学科存在的标志；后者只是前者的应用研究（没有前者，后者就无法进行），不具有学科唯一性，不能成为第二语言教学学科存在的主要标志。因为任何学科都有教学大纲的研制、教材编写研究、测试理论研究、课堂教学研究之类的应用性研究，但是除了第二语言教学和外语教学，似乎没有哪一个学科一并进行语言理论、语言学习理论、语言教学理论和跨文化教学理论的研究，因此，这才是对外汉语教学学科的基本理论。

第四节　对外汉语的学科基本理论

在上一节中，我们论述了对外汉语教学学科建设体系的内涵，并指出学科建设体系由学科理论基础、学科基本理论、学科应用理论、学科发展建设四个部分组成，这四个组成部分都可以成为对外汉语教学研究的对象。但是，在学科建设体系的这四个组成部分中，只有学科基本理论和学科应用理论是对外汉语教学理论研究的重点，二者构成了对外汉语教学的学科理论体系。其中，学科基本理论是学科理论的核心，是学科存在的主要证明和标志。没有学科基本理论的指导和启发，学科应用理论就不可能形成和存在，至少难以深入和提高。不把"学科理论基础"看成是学科理论体系的组成部分不是因为内容的理论性不强，也不是因为有关的研究在"教什么"和"怎么教"两个根本问题上完全无所作为，主要是因为它分属不同的学科。把"学科理论基础"纳入学科建设体系并将其确认为对外汉语教学的研究对象之一，仅仅因为对外汉语教学是一门跨学科性的学科，即仅仅因为它是对外汉语教学学科基本理论形成的基础。同时上文还着重阐述了学科基本理论确立的标准，并据此把对外汉语教学的学科基本理论确定为学科语言理论、语言学习理论、语言教学理论、跨文化教学理论，从而试图从宏观上确立学科的基本理论在学科建设体系和学科理论体系中的地位和作用。

应该指出的是，完整的对外汉语教学的学科理论体系是由学科的基本理论和学科应用理论两个部分组成的，强调学科的基本理论是对外汉语教学学科理论体系的核心，这并不否认和抹杀学科应用理论在学科建设体系和学科理论体系中应有的地位和作用。事实上，学科应用理论在教学实践中具有不可替代的重要指导作用，在很大程度上体现了学科的性质和特点。学科应用理论直接指导着教学实践，它的研究水平不仅体现了学科理论研究的水平，还体现了教学实践可能达到的深度和广度。因此，加强学科的理论研究必须重视对学科应用理论的研究，这一点是毋庸置疑的。但是，也必须看到学科的基本理论能够起到"外联"——直接联系学科的理论基础（如语言学、教育学、心理学等）的作用，从而体现了学科的交叉性特点；能够起到"内导"——直接指导学科的应用研究（如指导教材编写研究、测试研究等）的特殊作用，从而体现了学科的应用性特点。这种"外联"和"内导"的作用是学科应用理论所不具有的，因此学科的基本理论是学科理论（体系）的核心。

我们根据前人的有关研究，从学科建设体系的角度阐述了学科基本理论的构成条件，并确立了学科基本理论（体系）是由学科语言理论、语言学习理论、语言教学理论、跨文化教学理论四个部分组成的。应该强调的是，这只是就宏观上、就学科基本理论与学科建设体系中的其他组成部分的关系而言的。实际上，这四个部分本身的确立，特别是其中每一个部分、每一种理论所包含的若干具体的研究内容和方向的确立还应该符合"两个面向"和"三个结合"的原则，即面向第二语言教学的实际，面向中国对外汉语教学的实际，结合国外第二语言和外语教学的理论和实践，结合第二语言教学的两个根本问题"教什么"和"怎么教"，结合中国的教育传统和教学方法。其中，"两个面向"是学科理论研究和建立的根本着眼点，要求我们在确立学科基本理论过程中至少要考虑到第二语言教学的特点、中国对外汉语教学在学科理论建设上的需求；"三个结合"是学科理论研究和建设的根本途径，要求我们在确立学科基本理论过程中至少要考虑到国外同类性质的教学理论研究与教学实际的现状和发展趋势并做出选择，在教学的两个根本问题"教什么"和"怎么教"的问题上提供理论指导，从中国传统的教育理念和教学方法出发做出分析，吸收合理的因素，摒弃不合时宜的因素。依据"两个面向"和"三个结合"的原则，便有可能使所建立的学科基本理论体系符合第二语言教学的特点，符合中国对外汉语教学学科理论建设的需要；能够保证在学科建设的根本问题上提出行动的理论指南，能够保证在学科理论上中外结合、有所创新，从而使学科理论既有应用价值，又有自己的特色。基于"两个面向"和"三个结合"的原则，学科基本理论的四个组成部分分别包含的主要内容如下：

学科语言理论：面向对外汉语教学的语言学及分支学科研究、汉语语言学研究。

语言学习理论：基本理论研究、对比分析、偏误分析、中介语理论。

语言教学理论：学科性质理论、教学原则理论、教学法理论、中国传统教学观。

跨文化教学理论：文化教学的地位、文化教学的内容、文化教学的原则。

其中，学科语言理论和跨文化教学理论主要在"教什么"和"学什么"方面发挥指导作用；语言学习理论和语言教学理论主要在"怎么学"和"怎么教"方面发挥指导作用。

一、学科语言理论

（一）面向对外汉语教学的语言学及其分支学科研究

包括对外汉语教学在内的第二语言教学的教学内容是语言，既然教的是语言，那么语言学的理论就必然对语言教学的理论和实践产生影响。因此，语言学及其各有关分支学科（如社会语言学、文化语言学、篇章语言学、认知语言学、语义学、语用学等）的理论就成为第二语言教学关注和研究的重要内容。应该强调的是，这些理论必须和第二语言教学的实际需要相结合，即能够服务于第二语言教学，才能成为指导和影响教学理论和教学实践的第二语言教学的学科基本理论之一——学科语言理论。换言之，语言理论能否和教学实践相结合、能否在实践中发挥作用以及发挥多大的作用，是其能否成为第二语言教学学科语言理论的标志。

语言是人类最重要的交际工具，这一理论对第二语言教学有着广泛、深刻和根本性的指导意义。它给第二语言教学的启示是，第二语言教学从根本上说就是让学习者掌握语言这种交际工具，因此，要把语言当作交际工具来教，当作交际工具来学。树立这样一种语言教学观和语言学习观，就会把听、说、读、写等语言能力，特别是语言交际能力的培养和养成放在语言教学和学习的首要和根本位置，同时，把语言知识的教学和学习看成相对次要的，是为掌握语言这种交际工具而服务的。这种语言学理论及由此形成的语言教学观是符合第二语言教学实际需要的。相反，如果把语言的本质看成一种知识系统，即把语言当作系统的知识来教，当作系统的知识来学。树立了这样一种语言教学观和语言学习观，相应地就会把语言知识的教学和学习放在首位，把语言能力和语言技能的培训放在次要的位置。显然，这种语言理论及由此形成的语言教学观是不符合第二语言教学需要的。可见，在不同的语言理论指导下，会形成不同的语言教学观和语言学习观，进而对语言教学和学习的影响就可能不同，甚至效果可能是截然相反的。因为观念不同，做法就不同，效果也就大不一样。从这个意义上说，语言理论对第二语言教学影响深远，意义重大。因此，在第二语言教学学科基本理论中确立学科语言理论的地位是非常必要的。事实上，不管是否确立语言理论在第二语言教学中的应有地位，语言理论特别是语言观都无时无刻不在影响着语言教学。需要强调的是，并非所有的语言学理论都能对第二语言教学产生直接的、符合实际需要的影响，因而并非所有的语言学理论都能成为第二语言教学的学科语言理论。学科语言理论研究的一个重要方面应该是哪些语言学或语言学分支学科的理论对第二语言教学有直接的指导意义，有什么样的指导意义，怎样实现这样的指导意义。遗憾的是，我们在这方面所做的工作还很不够，甚至还没有明确的认识。不少学者只是把语言学看成第二语言教学的支撑学科或理论，没有把语言学理论的引进自觉地当作学科的基本理论研究的重要内容，更没有在学科基本理论体系中确立学科语言理论的地位。学科语言理论中的"学科"指的就是第二语言教学；学科语言理论指的就是第二语言教学学科理论中的语言理论，即能够满足第二语言教学学科理论建设需要的语言理论、能够指导第二语言教学实践的语言理论。相反，不符合第二语言教学性质和教学目的的、不能对第二语言教学产生影响的、不能直接指导第二语言教学实践的语言学理论都不属于第二语言教学学科理论中的语言理论，尽管这些语言理论本身可能很有学术价值和理论意义。需要指出的是，第二语言教学界存在一种不正确的认识，那就是忌讳说第二语言教学"应用"或"引进"语言学理论，似乎这样说就降低了第二语言教学的学科地位。其实，这种疑虑是大可不必的，因为"应用"是必然的，不管是否意识到，"引进"是必须的，不管是否愿意。第二语言教学具有跨学科性，是一门交叉学科，这就从根本上决定了"应用"和"引进"的必然性。我们不但要引进和应用语言学理论，而且要自觉地、主动地开展面向第二语言教学学科理论建设和教学实际需要的语言学及其分支学科的理论研究，这样才能建立起完整的符合第二语言教学规律的学科语言理论体系。

（二）面向对外汉语教学的汉语语言学研究

就对外汉语教学而言，学科语言理论还应该包括把汉语作为第二语言或外语教学而进行的汉语研究所形成的汉语语言学理论。这是因为对外汉语教学教的是汉语，所以汉语的结构规律、组合规律、表达规律就成为对外汉语教学研究的主要内容。深入挖掘和细致描述汉语的这些语言规律，目的是更好地指导教学实践，提高对外汉语教学效率。因此，面向对外汉语教学需要的汉语本体（包括语音、语法、词汇、篇章等）研究的成果是学科语言理论的重要组成部分。这种研究的根本目的是让学习者在更短的时间里，更快更好地掌握汉语相关的语言知识，提高运用汉语进行交际的能力。换言之，汉语语言学研究是为了服务于教学实践，并不在于追求理论的系统性和知识的完整性，研究的侧重点是教学中的难点以及汉语同学生母语的异同（特别是不同之处）；汉语词汇和语法研究的侧重点是功能和用法，除了从语言学层面对汉语的结构规律、组合规律和表达规律进行揭示和描述外，还要从汉外对比、跨文化交际、语言习得、学习者个体差异、认知心理等多角度进行综合研究。这些都与把汉语作为一种语言系统而进行的语言研究以及把汉语作为第一语言教学所进行的语言研究有很大的不同。

对外汉语教学的学科语言理论包括面向教学实际需要的普通语言学及其分支学科的理论和应用研究，以及面向对外汉语教学需要的汉语语言学理论和应用研究。这两个方面研究的关键是要面向对外汉语教学实际，而不是为了其他目的的一般意义上的研究。一旦这些理论能够服务于对外汉语教学，并且进行整合和系统化，就可以看作对外汉语教学的学科语言理论。目前的问题是，我们对对外汉语教学学科语言理论的重视还需要进一步加强，目标还需要进一步明确，已有的研究成果也需要进行系统整合。同时，在学科语言理论的研究中要特别加强面向对外汉语教学的汉语语言学研究。实际上，课堂教学有许多问题说不清，就是因为这方面的研究还不够。所以，应该强调汉语研究是对外汉语教学的基础，是后备力量，离开汉语研究，对外汉语教学就没法前进。就汉语研究而言，对事实的深入发掘、对规律的有效揭示至今还存在许多薄弱点和空白点，远远不能满足对外汉语教学的需求。这些都表明加强面向对外汉语教学需要的汉语研究的必要性和迫切性。

二、语言学习理论

语言学习理论主要研究学习者语言学习的过程和规律，是第二语言教学学科基本理论之一，是语言教学理论确立的重要前提和参照。关于语言学习理论研究的现状，刘珣曾做过很好的概括，他指出，有关第二语言学习研究在最近 30 年有了很大的发展。[①] 但西方学者也告诫大家，对语言学习理论研究的深度目前还不能期望过高，这些理论所引起的争议有时甚至大于所达成的共识。即使根据那些被大多数人接受的理论，人们也只能在一定程度上了解到第二语言学习者在做什么，他们掌握了什么，还不可能肯定地说他们是怎么做的，是怎么掌握的。至于把这些有关语言学习的理论研究成果运用到教学实践中去，以及如何教第二语言，恐怕就更无法确定。他还指出，国内对语言学习理论做专门深入的研究起步更晚，"这方面的研究还是个别的、零星的，规模远不如对教学法的研究"[②]。近年来，国内外对语言学习理论的研究都有了进一步的发展，国内一些学者对汉语学习理论进行了许多开拓性的研究，但总的来说，已有的理论研究和实验研究成果还远不能满足学科建设和教学实际的需要，汉语学习理论的研究将是一项长期而艰巨的任务。就目前来看，在进一步引进、评介西方有关研究成果的同时，应结合汉语和汉语作为第二语言教学的实际，着力研究语言学习的基本理论、对比分析、偏误分析、中介语理论。

（一）语言学习理论基本问题研究

1.学习主体分析

语言学习是学习者的行为，一切教学目的、任何教学方法、所有教学手段和资源、学校和教师的各种努力最终都必然也应该在第二语言学习者那里得到体现和检验。所以，首先要研究学习者的基本情况，这样才能真正做到有的放矢、因材施教。

---

① 刘珣.对外汉语教育学引论 [M].北京：北京语言文化大学出版社，2000.
② 刘珣.试论汉语作为第二语言教学的基本原则——兼论海内外汉语教学的学科建设[J].世界汉语教学，1997（1）：69–78.

2. 基本问题研究

包括对一些基本概念、基本关系和基本问题的研究和探讨。例如，"学习"和"习得"的含义及其相互关系，第一语言学习和第二语言学习、儿童母语学习和成人外语学习的异同，母语对第二语言学习的干扰和促进，语言输入和输出的关系，课堂教学和自然习得的比较，语言能力的构成因素及形成过程，语言交际能力的构成因素及形成过程，语言学习环境的构成因素及对学习者的影响，口语学习和书面语学习的特点及相互关系，等等。

（二）对比分析

对比分析作为一种语言分析方法历史悠久，可以追溯到 19 世纪的历史比较语言学。把对比分析运用到第二语言教学始于美国语言学家弗思（Fries），他曾指出，最好的教材是这样的：它的立足点是一方面对所学外语进行科学的描写，另一方面对学生的本族语进行平行的描写，加以仔细的比较。[①] 从第二语言学习的角度提出对比分析假说及对比分析具体方法的是拉多（Lado）。在《跨文化的语言学》（*Linguistics Across Cultures*）一书中，拉多表明了自己的基本设想："人们倾向于把本族的语言和文化中的形式、意义以及两者的分布方式转移到外族的语言和文化中去。""我们假定，学生在接触外语时，会觉得其中有些特征易学，有些难学。与本族语相同的要素，他们觉得简单，不同的就困难。教师如果把两种语言比较过，就知道真正的困难何在，因而更有办法去进行教学。"[②] 由于拉多等人的提倡，对比分析盛行于 20 世纪五六十年代。人们一度相信，语言学习的障碍是母语的干扰；通过目的语和学生母语的对比，可以为教材编写提供根本性的依据；可以预测因

①　Fries，Charles C..Teaching and learning English as a foreign language[M].Univ. of Michigan Pr..1947.

②　Robert Lado. Linguistics Across Cultures [M].The University of Michigan Press.1957.

两种语言的差异而造成的学习中的难点，从而在教学中采取预防措施。但是，到了20世纪60年代后期，对比分析受到了质疑和批判。按对比分析编出的教材使用效果并不是很好，对比分析的倡导者说它能预测外语学习会在什么地方出岔子，出什么样的岔子，然而实际上办不到。于是，对比分析逐渐被错误分析和中介语研究等替代。20世纪80年代，人们开始重新认识对比分析在语言研究和外语教学中的重要价值，对比分析再次受到人们的关注。

1. 对比分析的理论基础和分析步骤

对比分析是把目的语与学习者的母语进行共时层面上的系统比较，找出两种语言的异同点特别是差异所在，借此预测学习中的难点，并在教学中采取积极的预防措施，选择有效的教学方法。对比分析以结构主义语言学、行为主义心理学及迁移理论为理论基础，出现在结构主义语言学和行为主义心理学的鼎盛时期，它们之间有着不解之缘。结构主义语言学强调对语言的结构进行客观的、静态的、形式方面的描写，并且相信在对两种语言进行精确描写的基础上，通过对比可以发现两种语言的异同，这是对比分析产生的重要理论依据。行为主义心理学认为，语言是一种行为习惯，习得一种语言就是习得一种习惯，母语习惯的形成未受到其他语言的干扰，而学习第二语言则意味着要克服母语的干扰，形成一种新的习惯。根据迁移理论来看，母语与目的语相同的地方将促进目的语的学习，而母语与目的语不同的地方会造成学习目的语的困难，差异越大困难越大。这种原有的知识对新知识的学习产生影响的现象称为"迁移"，其中促进新知识学习的迁移叫"正迁移"，干扰和阻碍新知识学习的迁移叫"负迁移"。第二语言学习中的错误正是学生母语习惯负迁移的结果。对比分析假设的核心就是，第二语言学习的障碍和困难来自母语的干扰，通过对比两种语言结构的异同，可以预测学习者的语言错误和难点，从而在教学中加以强化，并采取措施加以克服，达到避免或减少语言错误的目的，提高教学质量。

对比分析大体包括四个步骤。

第一步，描写：对所比较的两种语言进行详细的描写，作为对比的基础。

第二步，选择：由于不可能对两种语言每一方面都进行比较，所以必须对要比较的语言项目进行选择。

第三步，对比：对确定好的语言项目进行对比，找出它们的异同点。

第四步，预测：根据对比的情况，对第二语言学习者在学习中可能出现的错误和学习困难进行预测。这种预测一般通过构建第二语言学习的"难度层次"或通过应用心理学和语言学的理论来完成。

2. 对比分析理论评价

20 世纪 60 年代后期，由于转换生成语言学和认知心理学的出现，对比分析的语言学和心理学基础受到了挑战。人们开始转向对第二语言学习过程的研究，随着教学实践和实验研究的深入，对比分析理论上的一些缺陷和局限性也随之暴露出来。首先，对比分析的核心思想认为，语言之间的差异是造成学习者语言错误的主要甚至根本的原因，因此，只要通过对比分析找出目的语和母语之间的差异，就可以预测学习者在目的语学习过程中可能出现的错误。然而，实际观察表明，对比分析所预测的学习中的语言错误并没有出现，而没有预测到的语言错误却出现了。这说明对比分析对学习者语言错误的预测能力是有限的。换言之，两种语言的差异并不能自动、必然地引申出第二语言学习中的问题。也就是说，对比分析理论的根本前提——第二语言学习者的语言错误完全是由于学习者母语干扰造成的，这一假设是有问题的。调查研究表明，学习者的语言错误是由多方面原因造成的，既有母语干扰（负迁移）的原因，又有学习者在学习过程中对目的语理解和消化不够全面和准确的原因，如过度概括、忽略规则的使用条件、应用规则不全等，甚至还有教师及教科书的误导等原因。其次，对比分析理论认为，母语与目的语之间的差异越大，干扰就越大，学习的困难也就越大。这种将语言之间的差异同学习者的困难等同起来的做法缺乏理论支持。"差异"是语言形式上的问题，"困难"是心理学上的问题，把二者必然地联系、等同起来是没有心理学依据的。实际情况往往是，两种语言形式上的明显差别掌握起来并不见得困难，而表面上相近的地方有时倒是最难掌握的，这些常常是学习者感到最困难和最容易出错的地方。可以说，对比分析把学习者的语言错误必然地看成是母语干扰造成的，把学习者的困难与语言之间的差异必然地等同起来，这是这一理论的两大根本缺憾，在理论和实践上都缺乏有力的支持。

但是，无论是从历史角度看，还是从现实需要看，对比分析都应成为第二语言学习理论研究的重要领域，相较其他一些理论模式，对比分析更有其自身的价值，关键是要恰当地估计对比分析的作用，开拓对比分析的新领域。首先，对比分析对语言学理论和第二语言教学理论做出了历史性的贡献：它形成了仅提供部分页试读、一套严密的行之有效的对比分析方法和工作程序；通过对不同语言形式特征的细致描述和比较，发现了许多不用这种方法就不容易发现的重要语言现象，不但丰富了普通语言学理论，而且丰富了第二语言教师的语言知识和对语言之间差异的深刻理解，这无疑有益于教学实践的深入和教学水平的提高。因此，对比分析始终对第二语言教师有着很大的吸引力。其次，要正确估计对比分析的作用。要充分认识到对比分析并不能解决学生的所有问题和困难。实际上，对比分析之所以受到怀疑和指摘是因为早先对它期望过高，以为它能预测和预防学习外语的学生的错误，能成为编写教材的基础。估计过高固然不对，反之亦然。语言对比显然能大致推断出学生会在什么范围内出错，在发现错误后也能帮助我们说明出现错误的一部分原因。这就是说，对比分析虽然对学生语言学习困难的预测能力并没有人们当初期望的那么高，但毫无疑问，它仍然是第二语言教学不可或缺的辅助手段，不能因为它未能满足人们过高的期望，就完全抹杀它在第二语言教学和学习中应该和能够起到的重大作用。最后，我们应该在教学实践和理论研究中进一步完善和拓宽对比分析的领域。事实上，对比分析预测到的难点和可能出现的错误，有些之所以未出现，原因之一是学生有意回避（正是因为感到"难"，所以才不用），如果是这样，那么恰好证明对比分析的预测是对的。诸如此类的问题还需要我们进一步研究和探讨，从而不断丰富和完善对比分析理论。其重要性在于要把对比分析的内容从语音、词汇和语法扩大到语用、篇章、话语和文化等领域。对比分析的主要倡导者拉多早在 1957 年就指出，文化对比与语言对比在对比分析中有着同等重要的地位。① 只是在后来的对比研究中，文化对比一直没有受到应有的重视，拉多也忽略了这一点。实际上，第二语言学习者的许多困难和语言交际错误都和目的语与母语在语用、篇章、话语和文化等方面的差异有关。

（三）偏误分析

鉴于对比分析不能预测和解决学习者的全部语言错误，从 20 世纪 70 年代开始，人们把注意力由语言之间的对比转向对学习者语言错误本身进行系统的分析和研

---

① 　 Robert Lado. Linguistics Across Cultures [M].The University of Michigan Press.1957.

究，并形成了错误分析理论。这一理论给语言学习和习得研究带来了两个极为重要的转变。其一，在研究的侧重点上，由关注目的语和母语的对比转向对学习者、学习过程、语言错误本身的关注，使第二语言学习者及其语言错误在教学和学习中的作用受到了前所未有的重视。其二，对待错误的态度发生了根本性的变化，传统上并不把语言错误看成有理论价值的东西，因而错误分析只是以目的语为标准去判断错误和评估学生的语言水平，并通过对错误的分析来帮助确定教学内容的先后顺序，决定教学和练习的重点、难点，直至最终消灭错误。而在偏误分析理论中，学生的语言错误被看作第二语言学习过程中的正常和必然现象，是有价值的，而不再是避之而不及的东西。在对比分析理论中，从教师的角度看，语言错误实际上象征着学习上的失败，第二语言教学和学习的过程实际上就是纠正和避免语言错误的过程。而在偏误分析理论中，从学习者的角度看，语言错误不再被看作失败的象征，而被看作学习过程中不可避免的和有意义的，因为它反映了学习者对目的语所做的假设，这种假设与目的语实际不符才出现了偏差。分析错误可以了解学习者是如何建立和检验假设的，可以探索外语学习的心理过程。

关于偏误分析的作用，科德在《学习者错误的重要意义》（*The Significance of Learner's Errors*）一文中指出，对学习者的偏误进行分析有如下作用：教师可以了解学习者对目的语的掌握程度及其所达到的阶段；研究者可以了解学习者是如何学习和习得目的语的，以及学习者在学习过程中采取的学习策略和步骤；学习者可以利用错误分析来检验其对目的语的结构规则和表达规则所做的假设。[①] 科德在《应用语言学导论》中说："错误分析最明显的实际用途是为教师服务。错误提

---

① S. Pit. Corder. The Significance of Learner's Errors [J].International Review of Applied Linguistics in Language Teaching.1967，Vol.5（No.1–4）：161–170.

供反馈，它告诉教师所用的教材和教学方法产生了什么效果，并提出教师所依据的教学大纲中哪些部分在教和学的过程中还有不足之处，需要进一步重视。错误能使教师决定是否可以接下去讲授教学大纲中的下一个内容，或者是否必须花更多的时间继续讲授正在讲授的内容。这就是错误的常见价值。"①

1. 偏误分析的理论基础和分析步骤

偏误分析旨在对第二语言学习者的语言错误（偏误）进行系统的分析和研究，确定错误的来源，并以此揭示第二语言习得的心理过程和习得规律。偏误分析的心理学基础是认知理论，语言学基础是乔姆斯基的语言习得机制理论，即人是通过大脑中的语言习得机制学习和获得语言的。偏误分析理论认为，第二语言习得过程是语言规则形成的过程，即学习者不断从目的语的输入中尝试对目的语规则做出假设，并进行检验与修正，逐渐向目的语靠近并建构目的语的规则体系。科德指出，错误分析的关键在于语言的系统性，因而也在于错误的系统性。如果不从这一假设出发，没有人会关心错误分析这项工作。这绝不是说所有的错误都是一贯有系统的。然而，对于没有系统性的东西是无法进行描写和解释的。当然也应明确，有些东西可能从表面看是没有系统的，那是因为我们对它的规律性还没有清楚的认识。偏误的根本特性在于它的系统性和规律性，偶然的口误和笔误之类的错误并不是偏误。

按照科德的观点，偏误分析分为以下五个步骤：

第一步，搜集供分析的语料：包括口头表达、书面练习以及听力调查获得的语料。

① S.皮特·科德.应用语言学导论[M].上海外国语学院外国语言文学研究所译.上海：上海外语教育出版社，1983.12.

第二步，鉴别其中的偏误：从语法和交际两个方面鉴别，不符合语法的则为偏误，符合语法但在交际情境中用得不恰当亦为偏误。同时，还要区别有规律性的偏误和偶然性的失误（当然有时并不容易）。

第三步，对鉴别出来的偏误进行分类：从不同角度，根据不同的目的，可以有多种分类。

第四步，解释偏误产生的原因：偏误被鉴别出来并分类以后，接下来就是分析偏误产生的原因。其原因主要有母语语言和文化的负迁移、目的语语言和文化的负迁移（过度泛化）、学习策略和交际策略的影响、教师和教材及教法的误导等。

第五步，评估偏误的严重程度：偏误对交际的影响大小取决于偏误的程度。有的偏误对交际影响不大，有的可能使交际不畅甚至引起误解，有的则可能妨碍思想的交流，造成交际无法进行下去。

对偏误的分类大致有以下几种情况：

其一，语言形式上的偏误有语法、词汇和语音方面的，有关内容可以进行再分类。这种分类是传统的做法，着眼于语言形式，服务于课堂教学，不重视交际中的偏误分析。

其二，从偏误的来源上把偏误分成语间偏误和语内偏误。语间偏误是由母语语言和文化的干扰造成的，语内偏误是由对目的语规则理解不正确或不全面造成的。

其三，科德从中介语系统上把偏误分成前系统偏误、系统偏误和后系统偏误。前系统偏误指学习者目的语语言系统形成之前的偏误，因为正在学习和理解所学语言，处在对语言规则的探索阶段，因而学习者还不能解释，也无法改正自己的语言错误；系统偏误指学习者知道目的语的某个（些）规则，但还没有完全掌握它（们）的用法，或者说学习者对有关规则做出的假设是不正确的，致使学习者有规律地运用一个（些）错误的语言规则，因而出现规律性的偏误，学习者能对这类偏误做出一些说明，解释为什么要这样用，但不能自行改正偏误；后系统偏误指学习者目的语系统形成之后的偏误，学习者虽然已经掌握了目的语的某一个（些）规则，基本能正确运用，但有时由于暂时遗忘等原因而用错，学习者能自行纠正这类偏误，并且能说明偏误的原因。

2. 偏误分析理论评价

偏误分析理论对第二语言教学研究的贡献：第一，偏误分析使第二语言教学更加自觉地转向注重对学习者及其学习过程的研究，这一转变是由注重教向注重学迈出的坚实的一步，也是向着提高第二语言教学质量和效率迈出的关键的一步，不仅拓宽了第二语言教学基本理论研究的范围，也使偏误分析理论成为第二语言学习理论的重要组成部分。第二，偏误分析使人们从根本上改变了对第二语言学习过程中出现的偏误本质的认识。它把偏误从需要避免和纠正的消极地位提高到了了解和认识第二语言学习过程和学习规律的导向和窗口的积极地位。它提示人们学习者的语言偏误是学习过程中正常的必然现象；偏误是语言学习过程中必经之路，不出错是学不会语言的。它对偏误的分类和对其来源的探究促使人们对待错误的态度和纠错时的某些做法进行重新思考。错误不再是"洪水猛兽"，不再是教学过程中时时处处需要防范的"大敌"；"有错必纠"也要看是哪一个阶段的错误，对系统偏误可能会有一定的效果，而对前系统偏误和后系统偏误则起不了太大的作用，这就是说，偏误分析启示我们对不同阶段不同类型的错误要采取不同的态度和措施，不能一味地有错必纠。第三，偏误分析基本上形成了一套比较有效的偏误分析方法和程序。其具体研究成果为课堂教学、教材编写和测试等提供了积极的反馈和依据，有利于教学实践的改进和教学效率的提高。

偏误分析的局限性：第一，鉴别偏误的标准在实践中有时很难把握。这里面有偏误的程度问题，也有目的语各种变体带来的问题，等等。第二，对偏误的分类缺乏统一标准。不论从哪一个角度进行分类，实际上总有一些偏误难以归入其中或可左可右。第三，从理论到实践都很难说明偏误与回避的关系。回避是一种有意识的交际策略，偏误分析很难说明回避出现的情况以及回避是否就是偏误等。诸如此类的问题都需要进一步加以研究和解决。

（四）中介语理论

中介语（interlanguage）是第二语言学习者特有的一种语言系统，这一语言系统在语音、语汇、语法、语言交际及其相关文化等方面既不同于学习者的母语，也不同于目的语，而是一种随着学习的进展向目的语的正确形式逐渐靠拢的动态语言系统。20世纪70年代，科德、尼姆塞尔、塞林格三位学者为早期中介语理论的形成和发展做出了杰出的贡献，他们几乎同时提出了相近的理论观点。科德把学习者的语言系统称为过渡能力系统，这个系统是学习者现实的心理规则系统，学习者在对目的语规则假设不断检验的基础上逐步更新这个系统，学习者习得过程中所产生的系统偏误就是这种过渡能力的表现。尼姆塞尔用"近似系统"的概念来描述学习者的语言系统。"近似系统"是说学习者的语言系统是逐渐接近目的语系统的、不断变化的连续体。一方面，学习者不可能在瞬间接触到整个目的语系统；另一方面，学习者的母语是一种干扰源，使学习者的语言系统偏离目的语系统。塞林格 1969 年在论文 *Language Transfer* 中首先使用了中介语这一概念，1972 年又发表了题为 *Inter Language* 的著名论文，确立了中介语理论在第二语言习得研究中的地位。[①] 他认为，学习者的话语与目的语不是一致的，在构建第二语言学习理论时，人们完全有理由或者说不得不假定存在着一个独立的、可以观察到的以语言输出为基础的语言系统，我们把这种语言系统称为"中介语"。

中介语包含两层意思：一是学习者语言发展的任何一个阶段的静态语言状况。二是学习者从零起点开始不断向目标语靠近的渐变过程，也就是学习者语言发展的轨迹，这个过程是动态的。中介语理论要研究的是动态过程，而对动态过程的研究必须建立在对静态语言状况的描写基础上。

1. 中介语研究的目标和基本途径

中介语研究的基本目标是发现并描写中介语系统。中介语研究的核心目的是探求第二语言学习者语言系统的本质，揭示第二语言习得过程的内在规律，为课堂教学和教材编写内容的选择、组织和安排等提供理论依据。中介语研究的基本途径是观察和实验，以及对观察和实验的结果进行比较、分析和描写。观察就是直接了解学习者学习和习得的情况，包括观察对象的背景情况、语言输入和输出情况等。实验就是根据对中介语发展的某种假设进行有计划的实验，通过观察得到的初步结论也要经过实验来证实。比较就是对观察和实验的结果进行比较，包括个体之间、群体之间的横向比较，个体与群体在不同阶段学习及习得情况的纵向比较。分析就是对观察、实验和比较的结果进行分析，揭示各种主客观条件在语言习得中的作用以及产生偏误的原因等，包括语言习得和偏误与个人背景的关系，与教材、课

---

① Larry Selinker. Inter Language [J].International Review of Applied Linguistics in Language Teaching.1972，Vol.10（No.1–4）：209–232.

堂教学、课外语言环境等的关系。描写包括随时对观察、实验、比较和分析的结果进行记录和整理的即时描写，对某一阶段（如一学期、一学年）的观察、实验、比较和分析的结果进行系统描写和整理的阶段性描写，对某种语言的中介语进行全面整理和归纳的系统描写。最基本的研究方法有：垂直研究，即对某一个或一些学习者第二语言的学习过程进行跟踪调查；交叉研究，即同时对处于同一学习阶段的学习者的中介语进行研究。

2. 中介语的特征和中介语产生的根源

中介语主要有以下三个特点：

（1）整体的系统性。中介语作为一种第二语言或外语学习者使用的语言，具有人类语言的一般特性和功能。从内部构成上说，它也是由语言要素构成的系统，即它有语音、词汇和语法的规则系统，学习者能够运用这套规则系统生成他们从来没有接触到的话语。从外部功能上看，中介语可以发挥交际工具的功能，完成一定的交际任务。中介语的系统性还体现在，学习者使用的第二语言虽然与目的语系统有一定的差距，但是也有一定的规则，不是任意的。就是说，中介语在任何阶段都呈现出较强的系统性和内部一致性，学习者的言语行为是受到中介语系统规则支配的，这与母语的使用情况是一样的。实际上，学习者第二语言交际中出现的偏误是以目的语的规则体系作为衡量标准的，从中介语系统来看，这些所谓的偏误就另当别论了。

（2）内部的重组性。中介语系统是一个不断变化的体系，一方面有来自母语规则迁移的影响，另一方面有来自目的语规则泛化的影响，同时学习者不断地接受新的目的语规则，不断地做出新的假设，这样就使中介语总是处在不断扩展、修改和重组的过程中。中介语系统正是在这种不断变化、重组和逐步修改假设的过程中逐渐向目的语系统靠拢。

（3）发展的僵化性。从总的趋势上看，整个中介语是不断地向目的语系统接近的，但这种接近不是直线式的，而是曲折式的，表现为在整个中介语系统中和某些方面的僵化现象。第一，某些已经纠正过的偏误往往有规律地反复重现。鲁健骥认为，造成这种情况的原因可能是外语学习者在表述一个意思的时候，使用的目的语形式比较难，因而使用一个更熟悉的中介语形式，而这一形式从目的语的标准看是有偏误的。第二，学习者的中介语连续体在尚未达到目的语状态时便停止了发展，继续学习也不会再有进步。第三，学习者的某些语言形式在未达到目的语状态时便停止了，同时某些语言偏误已作为一种习惯固定下来，进一步的学习也无法改变。例如，某一个或几个音总也发不好，某一个或几个语法经常出错。

塞林格指出，学习者在中介语构建过程中主要使用了以下几种手段，也就是中介语产生的几个根源：

其一，语言迁移（language transfer）：指在第二语言或外语学习过程中，学习者由于不熟悉目的语的规则而自觉或不自觉地运用母语的规则来处理目的语信息的一种现象。利用母语知识可能导致语言偏误，即所谓负迁移，也可能导致说出正确的目的语句子，即所谓的正迁移。不过对于后者，如果不了解说话人的母语，就根本发现不了这种迁移。事实上，正迁移同负迁移一样值得研究，因为它同样能够告诉我们语言迁移是在什么时候和什么情况下可能发生。当然，负迁移才是产生中介语的主要原因。

其二，目的语规则的泛化（overgeneralization）：指学习者把某些目的语规则当成普遍性的规则来使用，即过度类推造成语言偏误。初学者的语言偏误多是由母语干扰造成的，因为母语是唯一的"靠山"。对于中等以上的学习者来说，他们的语言偏误多是由目的语规则的泛化造成的，因为此时学习者总是愿意把已经学过的目的语知识和规则同当前学习的内容联系起来，这应该是正常和合理的，但往往由于过度使用某些知识和规则造成语言偏误。

其三，训练迁移（transfer due to the effects of teaching）：指由于教学、训练不当或采用有错误的学习材料而造成的语言偏误。具体来说，教师讲解不清楚、解释错误、示范有误导、对句型使用条件阐述不充分等都可能使学习者出现语言偏误。

其四，学习策略（learning strategies）：指学习者学习和掌握单词、语法规则和其他语言要素的含义和用法的方法。迁移、泛化、简化等都是学习者常用的学习策略。简化策略主要体现为"减少羡余"，即减少对意思的表达显得多余或重复的语言成分。简化的另一种情况是，学习者通过过度概括一些语言现象而得到一条规则，然后用这条规则去创造语句表达的新的意思。实际上，泛化和迁移都是把已有的语言知识（包括目的语和母语）运用于第二语言学习的策略，都可以视为简化策略。简化有助于发展目的语体系，它反映了学习者建立和检验假设的过程。迁移、泛化和简化这三种学习策略相互联系又互有区别，使用这些策略造成的语言偏误事实上是很难明确区别开来的，偏误有时可能是三者同时作用和相互强化的结果。

其五，交际策略（communication strategies）：指学习者在表达思想时所用的方法。由于所要表达的内容超出了学习者对现有目的语的语言知识和技能的掌握范围，于是不得不使用一些语言或非语言手段进行交际，这些手段就是学习者的交际策略。交际策略的采用也是学习者中介语系统形成的原因之一。常见的交际策略包括回避和换个说法。比如，学习者对发某个音感到困难、不知道或想不起来某个单词或句型时，他就可能采取回避不说、转换话题或换个说法（乃至使用一两个母语单词、加上手势和表情等非语言表达方式）来"完成交际"。交际策略的使用对中介语系统的形成同样有很大的影响，许多偏误就是因为使用交际策略造成的。

第二章 对外汉语教学的理论探讨

·107·

第三章　对外汉语教学模式研究

第一节　汉语教学模式研究概述

一、教学模式及其含义

教学模式研究也可以称为对教学模式的研究，属于教学法的中观研究领域。

教学模式一般是指具有典型意义的、标准化的教学或学习范式。国外学术界较有影响的观点认为，教学模式是构成课程、选择教材、指导教学活动的一种计划或范型。但国内学者一般把教学模式理解为开展教学活动的一整套方法论体系，是在一定教学思想或教学理论指导下建立起来的、较为稳定的教学活动框架和活动程序。可以肯定地说，教学模式既是教学理论的具体化，也是对教学经验的一种系统概括，既可以直接从丰富的教学实践中通过理论概括形成，也可以在一定的理论指导下提出一种假设，经过多次实验后形成。

一般来说，一套完整的教学模式应该包含下列五个基本要素：

1. 理论基础。指教学模式建立所依据的教学理论或教学思想，即教学模式建立的理论依据，是反映教学模式内在特征的一个因素。

2. 教学目标。指教学模式所能达到的教学效果，是教学活动在学习者身上产生的效果的预先估计和设定，这是教学模式构成的一个核心因素，对其他因素有制约作用。

3.操作程序。指教学活动在时间上展开的逻辑步骤以及每个步骤的主要做法等。任何教学模式都具有一套独特的操作程序和步骤及与之对应的教学活动的基本阶段及其逻辑顺序。教学模式中的操作程序是相对稳定的，但不是一成不变的。

4.实现条件（手段和策略）。指促使教学模式发挥效力的各种条件，如教师、学生、教学内容、手段、时间、空间等的最优化方案。

5.评价。指评价的方法、标准等。每种教学模式一般都有适合自己特点的评价方法和标准。

通过以上的构成要素我们可以看出，教学模式与我们所熟知的教学类型、教学设计等概念在内容上有一定的交叉重叠。教学设计和教学模式是从不同角度，根据不同功能划分出来的两个概念，教学设计既可以针对某个教学类型，也可以针对具体的教学模式，甚至可以针对专门的课程或课型；教学类型与教学模式是不同范畴、不同层次的两个概念，前者是从教育学、教育管理学角度划分出来的概念，较为宏观、固定，后者则是在课程教学论层面的概念，较为具体、微观，某个教学类型在整体或局部上可以包含多个教学模式，而典型的教学模式有时也可以以个体代替一般，扩展为一种类型。

教学模式有不同的类型。国外的一些学者根据教学模式的理论根源，把教学模式分为社会型教学模式、信息加工型教学模式、个人型教学模式、行为系统型教学模式等，其中许多教学模式，如皮亚杰的认知发展模式、加涅的累积学习模式、斯金纳的程序教学模式等，都对第二语言教学产生过直接的作用或重大的影响。第二语言教学史实质上也就是语言教学模式的发展史，从较早的直接法、情境教学法、视听法到影响巨大的交际语言教学法，再到新兴的自然法、暗示法等，或者教学法本身就是一种教学模式，或者教学法由先后多个教学模式组成。

以影响最大、流派众多的交际语言教学法为例，从 20 世纪 70 年代诞生到 20 世纪末，在功能语言学理论和社会语言学理论的影响下，交际语言教学法先后形成并发展出多种教学模式，如结构—功能模式、功能—意念模式、互动模式、任务模式、自发模式等，教学模式的创新与发展成为第二语言教学理论和实践发展的核心部分。

二、对外汉语教学模式分析

所谓对外汉语教学模式就是从汉语独特的语言特点和语言应用特点出发，结合第二语言教学的一般性理论和对外汉语教学理论，在汉语教学中形成或提出的教学（学习）范式。

这种教学（学习）范式以一定的对外汉语教学或学习理论为依托，围绕特定的教学目标，提出课程教学的具体程式，并对教学的组织和实施提出设计方案。它既是一种理论上的反射体，又具体落实到教学中的一招一式，是细化到课堂教学每个具体环节、具有清晰的可操作性的教学范式，例如，法国巴黎东方文化语言学院白乐桑教授提出的"Chinese Recycled"教学模式。

它以字本位理论为基础，假设外国人通过汉字和汉语语素教学可以掌握汉语，采用"有别于使用拼音文字的语言教学方式"教授汉语。这种教学模式以汉字为形式目标，以初级阶段的口语表达能力为实际目标，通过对 200、400、900 三组具有不同使用频率、重现率、组合能力的汉字的"滚雪球"方式的教学，实现其教学目标。因此，我们也可以把这种教学模式看作从汉语的特殊性出发来阐释"直接法"大师帕默早期提出的"滚雪球"教学法的教学模式。当然，也许由于文献信息的局限，又或许由于该模式还只是停留在理论应用的假设阶段，我们对于这样一种教学模式在具体教学中的应用程序还无法了解，这也是一种新的教学模式最需要阐明的一个环节。

　　一个好的或者说成熟的教学模式需要经过规模性的、反复的教学实验验证后形成。无论是从理论假设出发的设计模式，还是根据教学经验升华的经验模式，实验环节都是必不可少的一环。例如对外汉语教学界已经操作多年并达成共识的"基础阶段句型教学模式"就是根据早期的"听说法"理论，把汉语语言组合规则形式化为 200 个左右的基本句式，并假设通过这些句式的教学可以让学生获得汉语基本的规则并具备初步的汉语能力。句型教学模式从 20 世纪 60 年代引进至今，经过多次的改进和演化，在教学内容、句型梳理、教学程式等方面逐渐规范、成熟，句型教学模式也得到了广泛应用，成为基础汉语教学阶段的一个主流模式。由背景语言文化大学老师陈贤纯提出并设计的"词语集中强化教学模式"是初、中级汉语教学阶段的一个教学模式，该模式借鉴了认知心理学和语言习得理论的一些研究成果，主张在中级汉语教学阶段，以词汇教学为重点，把词汇按照语义场进行分类，并使每个词进入相应的语义网络，以多个循环的方式强化记忆，达到扩大词汇量的教学目标，进而完成语言综合运用能力的培养。这一模式改变了传统的课程设计方式，取消了精读课，以词汇课程为主干进行教学，通过在大量的短文、对话中重现词汇，培养学习者的理解和表达能力。该模式从 1998 年提出设计思路后，历经 4 年，进行了三次完整、反复的实验，拟在后续的第四次实验后推出，这样的一种教学模式无疑会为我们的教学提供严谨的范式。

　　由于对外汉语教学理论研究和教学实践的时间局限，其大多数的教学模式基本处于尚未完全定型的探索阶段，与第二语言教学较成熟的教学模式相比，模式的框架和程序还不完整，典型意义还不够突出，示范作用和影响也不够广泛。此外，由于大多数教学模式以借鉴和转化国外第二语言的教学模式为主，或者同时受多种语言教学理论的影响，自然带有多种教学模式的痕迹，较少反映汉语规律或汉语教学规律。例如，大多数教学模式尚未形成自己独特的评价标准和方法，缺乏自我监控的系统性；许多模式对教学组织和教学实施中的操作程序描写不细致，缺乏可操作性，让使用者不知所为，降低了教学模式的效用；许多模式还只是局限在课程的重新组合和教学管理等非教学内在因素上，缺乏理论根基；一些模式停留在理论假设阶段或者经验操作阶段，等等。虽然教学模式研究和建设尚不成熟，但对外汉语教学法理论研究和教学实践仍有不少具有特色、富有新意的教学模式或雏形，例如：

1. 分技能教学模式

这是基础汉语教学阶段的一种教学模式，是受到听说法、功能法、交际法等多种教学模式影响的模式。该模式认同交际技能的培养是语言教学的根本目的，认为分技能教学是语言教学的最佳途径，因而主张以汉语交际技能为培养目标，以汉语综合课为教学的核心内容，按照语言技能项目分别设置课程。

2. 语文分开、集中识字教学模式

这是初级阶段针对欧美学生学习汉语的一种教学模式。该模式受传统识字教学方法的启发，结合了汉字以及汉字学习的特点。在教学程序和教学安排上，该模式主张把口语教学和汉字教学分开，先语后文；把汉字教学中的写字教学和识字教学分开，先写后识。

3. 实况视听教学模式

这是中高级汉语教学阶段培养学生新闻视听能力的一种教学模式。该模式借鉴了交际教学法和话语分析的一些主张，提出让学生视听实况材料，培养学生接收真实信息并直接用于实际生活需要的技能。

4.汉语交际任务教学模式

这是短期汉语教学的一种教学模式。该模式借鉴了交际教学法中的任务式大纲模式，以提高学习者的汉语交际能力为目标，以功能—意念大纲为基础，从汉语语言交际的实际需要出发，把语言交际内容归纳为一系列交际任务项目，并按语料难易和繁简程度分级。该模式主张以交际任务为教学组织单位，让学生通过大量的交际性操练掌握相应层级和数量的汉语交际任务项目，提高学生的汉语交际能力。

此外，以图片为基础的汉语教学模式、以挖掘潜能为基础的汉语速成教学模式、以语言微技能训练为重点的听说技能训练模式等都是对外汉语教学实践中具有一定典型意义的教学范式或模式设计。

实际上，对外汉语教学实践隐含着大量的教学模式雏形，这些雏形具备了模式的部分特征并且具有一定的示范意义和明显的应用价值，需要我们去挖掘、开发、梳理。因此，我们有理由进行相关课题的分析研究。

三、汉语教学模式研究的意义

汉语教学模式研究不仅是教学实践发展的需要，也是教学法理论系统化、完整化的需要；不仅是提高教学质量的需要，也是向海外广泛推广和普及汉语教学的需要。

（一）连接基础研究和教学实践，形成系统一体化研究

我们对汉语教学的研究，习惯采取以分析思维为主导的研究方法，割裂基础

研究和教学应用研究，重视对教学各部分进行分别、细致的研究，忽视了对各部分关系或者基础与应用的一体化研究。教学模式的研究可以帮助我们从整体上用系统论的视角综合地认识和探讨教学过程内外部因素之间的关系及其多样化的表现形态，有利于我们形成一体化的系统研究，从而提高对外汉语教学的整体研究水平。

（二）建立自己的品牌、输出规则

教学模式作为一种具有典型示范意义的教学范式，同时具有一种品牌效应。我国作为汉语的母语国，在推广和普及汉语教学工作时必须建立属于自己的有说服力的品牌，必须具有国际意识，即国际领先和模式输出意识。近几年来，汉语教学的外来模式越来越多，对我们自身的汉语教学的冲击也逐渐显现。从交流和学习的角度来看，这种冲击是大有益处的，但作为汉语教学的母语国，我国应当责无旁贷地占领这一教学领域的制高点，在汉语教学国际化进程中，掌握制定规则、输出规则的主动权，不能再像其他领域那样被动地接受他人的规则。创建新的具有品牌意义的教学模式是我们能够继续领导世界汉语教学潮流的一项重要举措。

（三）缩小与国际第二语言教学法研究水平的差距

第二语言教学实践的发展史实际上就是语言教学模式的发展史，对外汉语教学在教学法上的每一次变革的发生也主要是受到国外相关的教学模式的影响。现行的对外汉语教学法与英语作为第二语言教学法的显性差距也主要体现在教学模式的欠缺和不成熟上。创建好的教学模式对优秀品牌教材的编写、优秀教师的培养、品牌课程的形成都有推动作用。

（四）实现教学创新

教学改革与创新是当今任何一种教育事业、教学形式都面临的重大课题，而我们的汉语教学由于受到多种条件的制约，教学法研究和应用水平相对落后，缺乏创新。通过对汉语教学模式的研究，我们可以形成对外汉语教学学术研究和实践应用的新的增长点，不拘一格、大胆创新，形成教学法的不同流派，以适应更广泛的社会和学习需求。

（五）形成规范化、科学化的教学体系，提高教学效率

语言教学是涉及多个主体、多项因素的系统工程。没有一定的规范，教学质量和效果很难得到保证。而教学模式是语言教学观念、理论、原则、方法、技巧等的集中体现，是对具体教学实践活动的一个"标准"规范，创建科学高效的教学模式对提高教学效率和教学质量、促进对外汉语教学水平的整体上升起着关键作用。

（六）教学的最优化解决方案

教学模式必须具有典型示范意义和广泛应用价值，是针对当前各方面条件提出的一种解决当前任务的最优化方案。随着理论研究的深入和教学实践的发展，教学模式也将不断推陈出新、改进完善，从而得到使用者的认同。

汉语教学的模式化研究是一个迟到的课题，也是一个极有意义的课题。回顾国际第二语言教学的发展历程，正是其对第二语言教学模式的研究造就和吸引了无数著名学者。对外汉语教学虽然还只是一门年轻的学科，有许多亟须解决的课题，但从教学模式角度对本体理论、教学理论、学习理论进行系统研究有特殊的意义，这种研究必将推动对外汉语教学事业的发展。

第二节　总体设计，集中识字

集中识字法是我国传统的识字教学法，因为这种方法是根据汉字的特点创造出来的，符合识字教学的规律，所以我国儿童采用这种方法可以在短期内认识大量汉字，快速提高书面阅读的能力。

对外国人能不能运用集中识字的教学方法呢？我们认为是可以的，因为学习的主体虽有儿童和成人之分，母语有本族语和外语之分，但人类学习汉字时的感知、记忆、联想和思维过程都有着共同的规律，相似处大于差异处，所以如果我们在课程的总体设计和教材的编写上考虑到外国人学习汉语的特点，对他们进行集中识字教学，也同样有机会获得成功。

近年来，为了解决外国人学汉字难的问题，更准确地说，为寻找一种既有利于他们学习口语，又可以减轻他们学习汉字的难度，快速提高他们的阅读能力的方法，我们把传统的集中识字法引入对外汉语教学中。通过不断摸索和实验，我们在口语教学和汉字教学两个方面都取得了较好的教学效果。下面对我们的总体设计和集中识字的具体做法及教学效果做一个介绍。

一、总体设计

我们的总体设计可以概括为两个"分开"和两个"先后"。

第一是"语文分开"，即把口语教学和汉字教学分开。具体做法是，口语课作为独立的课型，只进行口头交际的听说训练，整个基础汉语教学阶段的口语教学都借助汉语拼音来进行。汉字教学另设课型，另编教材。

第二是"识写分开",即把汉字教学中的写字教学和识字教学分开。具体做法是分设课型、分编教材。写字教学的目的是使学生了解汉字的构造规律,使学生掌握书写汉字的基本技能。教学重点放在教独体字和构成汉字的偏旁部首上,步骤是先教独体字,再教合体字,按照汉字结构的规律,先易后难,循序渐进。识字教学的目的是使学生建立汉字形、音、义之间的联系,重在对汉字的认读。识字教学采用集中识字的方法,以便快速提高学生的阅读能力。

两个"先后",一是"先进行口语教学,后进行识字教学"。也就是说,在学生具有一定的口头交际能力之后再进行识字教学。比如,我们是在初级口语教学进行了一半(大约 120 学时)以后才开始进行集中识字教学的。

二是"先进行写字教学,后进行识字教学"。也就是说,在学生了解了汉字的构造规律以及掌握了书写汉字的基本技能后再进行集中识字教学。

在教学初期我们只开两门课,一门是口语课,另一门是写字课。在课时安排上我们将大量时间用于口语教学,少量时间用于汉字教学。

二、总体设计的意图

(一)为什么要"语文分开"

我们认为,除了汉字本身的特点,造成外国人学汉语难问题的主要原因是在基础汉语教学阶段采用"语文一体"的教学模式。

"语文一体"的模式适合教使用拼音文字的语言。英语、法语等拉丁语系的语言,其文字是拼音文字,在教材编写上采用"语文一体"的做法是很自然的。因为文字可以辅助发音,会发音又有利于记忆和书写词汇,所以"语文同步",听、说、读、写并进,对"语"和"文"两方面的教学可以起到相互促进的作用。而汉字不是拼音文字，采用这种模式进行汉语教学，效果就截然不同了，"语"和"文"双方不是促进作用，而是阻碍作用。

以口语教学为例，口语的内容用汉字书写下来，因为汉字字形不表示音素的组合，学生认读困难，所以必然要拖口语教学的后腿，使口语教学不能快速、顺利地进行（其实汉语是"非形态语"，对于初学者来说，口语比"形态语"要更容易学）。拿汉字教学来说，"语文一体"的教材必然形成"文从语"的教学模式，即汉字教学服从于口语教学，也就是说，学什么话，教什么字。汉字的形体构造是一个有规律的、可进行分析的系统。汉字的基本笔画构成少量的独体字和偏旁（部件），由这些独体字和偏旁（部件）构成大量的合体字。汉字书写教学适合采用先教独体字和偏旁（部件）再教合体字这种由易到难、由简单到复杂、循序渐进的方法，而"文从语"的结果是使汉字出现的顺序不可能按照汉字书写教学的系统性来进行，这样必然导致汉字的书写教学杂乱无章，正如许嘉瑞先生所说的"这种方法使得本来就很难学的汉字显示不出它的规律性来"，从而使汉字书写教学难上加难。

从培养学生的书面阅读能力来说，"文从语"的做法在教材的编写上要从口语教学的要求和原则来考虑。口语中能独立运用的最小的造句单位是"词"，所以教材中也自然要以"词"作为教学的基本单位，不可能以"字"作为教学的基本单位。在教"中国"一词时，必然只介绍"中国"这一词义，而不会介绍"中"和"国"两个字的字义。这种方法考虑的是"识词量"，而不是"识字量"。学生学了一定数量的词汇，但所学的汉字数量是不多的，而决定一个人汉语书面阅读能力的是"识词量"还是"识字量"？我们认为是"识字量"。因为"词"是由"字"构成的，有限的汉字构成了无限的词，知道字音可以读出词音，知道字义便于理解词义，"字"学得越多，会念的"词"就越多，了解的"词义"也就越多。也就是说，"识字量"决定了"识词量",所以,我国语文教学历来是以"识字量"多少作为衡量一个人书面阅读能力强弱的标准。因此,要想快速提高学生的阅读能力,就要想办法提高学生的"识字量",让学生多识字,快识字。而"文从语"的做法从识字教学的角度来看,学生识的字不仅量少,而且速度慢,不可能快速提高学生的阅读能力。

总之,无论从汉语的口语教学还是从汉字的书写教学和识字教学方面来分析,采用"语文一体"的模式对汉语教学来说都不能算是一种最好的方法。正如从事多年汉语教学的专家李培元和任远先生在第一届国际汉语教学讨论会上所说的:"'语文并进'的教学安排,必然形成一个'语文一体'的教学体系。这种教学体系不仅不能按汉字的结构规律产出汉字,而且由于汉字难学,听说训练会受到很大影响。"

"语文分开",借助拼音来教口语,使口语教学可以不受汉字的阻碍,从而可以快速提高学生的口语听说能力(如美国耶鲁大学出版的基础汉语教材就有"拼音本",北京外交人员语言文化中心编写的《容易学》也是用拼音来教口语)。另外,"语文分开"更利于汉字教学,因为这样做,既可以按照汉字结构的系统性进行汉字书写教学,又可以进行集中识字教学。也就是说,只有把"语"和"文"分开了,才有可能把汉字教学化难为易,快速提高学生的阅读能力。打个比方来说,采用"语文一体"的做法像是把一个人的两条腿绑了起来,哪条腿也迈不开,"语文分开"等于是松了绑,两条腿都可以迈大步,走得也就快了。

(二)为什么要"先进行口语教学,后进行识字教学"

中国孩子采用集中识字的方法能在短期内认识大量的汉字,一个重要原因就是他们在识字前已具有一定的口语能力。学生的口语水平越高,识字就越容易、越快，较强的口语能力对识字起到促进作用。其实，我国扫盲工作的经验也证明了这一点，文盲能在短期内摘掉帽子，其中一个重要原因就是他们已经具备了口语能力。最初我们用日本学生做集中识字实验是和口语教学同时开始的。结果，日本学生一天识 25 个字也是不容易的。这次实验后，我们认识到："识字课应该晚一点儿开，先让他们学一段口语，等他们具备了一定的口语能力后再进行集中识字，这样可以降低他们识字的难度。"后来，我们和瑞士苏黎世大学合作进行的集中识字教学实验，在他们用拼音课本教了三个多月口语（每周 12 学时口语课，1 学时写字课）后进行的集中识字效果就好多了。在 20 天中，每天只用一学时教识字，结果瑞士学生认识了 633 个汉字，平均每天认识 30 多个字，比日本学生认识的字还要多。如果先对日本学生进行口语教学，后进行识字教学，他们识字的速度会比欧美学生快。

（三）为什么要"识写分开"

我们认为，写字教学的目的和内容与识字教学是不同的，两者很难统一。写字重在字形教学，是为了让学生了解汉字的构造规律，教学应该按照汉字形体构造的系统性来安排，适合采用先教独体字和偏旁（部件）再教合体字这种由易到难、由简单到复杂的循序渐进的方法。而识字教学重在字音教学，重在对汉字的认读，识字教学要在短期内让学生认识大量的汉字，由识字过渡到阅读，所以识字课本中汉字出现的顺序不可能照顾到字形结构的系统性。

"识写分开"的另一个目的是分散难点。汉字的"书写"比"认读"难得多。如果"识写不分"，在识字教学的同时进行写字教学，那么，写字教学一定会拖识字教学的后腿。为此，我们把"识写"分开，编写了两种课本，一是写字课本，二是识字课本。

日本学生比较特殊，他们已经具备汉字的书写能力，所以可以不进行写字教学，只进行识字教学。

（四）为什么要"先进行写字教学，后进行识字教学"

前面已经讲了，识字教学适合安排在口语教学之后，那么写字教学安排在识字教学之前还是之后呢？我们认为安排在识字教学之前为好。首先，通过写字教学使学生了解汉字字形的构造规律并在具备分析和书写汉字的能力后再进行识字教学，这样对识字教学会起到一定的促进作用。其次，如果把写字教学放在识字教学之后就太晚了，所以安排在教学初期较好。最后，写字课有规律地进行，由浅入深，循序渐进，学生们不仅不会感到困难，而且会被汉字文化的魅力所吸引，从而对汉语产生浓厚的学习兴趣。

三、集中识字教学

（一）编写教材

在编写识字课本前，我们思考了这样几个问题：

1. 集中识多少字？

2. 集中识哪些字？

3. 每天识多少字？

4. 怎样进行集中识字？

5. 怎样由识字过渡到阅读短文？

我们把初级汉语教学阶段的识字量确定为 1000 个，这些汉字应该是最常用的、使用率最高的。我们把每天的识字量确定为 25 个。

为什么确定 1000 个最常用字呢？原因有两个：第一，调查发现，一般的基础汉语教材都不超过 1000 个汉字；第二，《常用字和常用词》中所统计的 1000 个最常用字的覆盖率达到近 80%。所以，让学生识 1000 个最常用字基本上就达到了基础汉语教学的要求。

为什么确定每天让学生识 25 个汉字呢？这个数字是通过实验确定的。另外，每天用一个学时让学生识 25 个字，40 天识 1000 字，这个速度是相当快的。

怎样才能让学生一天识 25 个汉字？我们在编写识字课本时是基于以下考虑设计的：因为汉字字形不表音，所以要想记住字音、字调，就必须进行多次反复的认读练习。另外，如果每天把 25 个汉字孤立地教给学生，学生很难记住。因此，要想让学生在尽可能少的时间里记住较多的汉字，教材上就要满足两点：一是要连字成句。二是句子的含字量要大，但句子要短小，这样既好读，又使学生在最短的时间里可以达到最多的重复认读的次数。为了做到这两点，我们把 25 个左右的汉字编成一个句子，而且句子中尽量不重复或少重复用字，使句子既含有 25 个新汉字，又短小、上口。如第一句：

他一九八七年三月二十六号下午差五分四点半到北京。

这个句子由 23 个汉字组成，10 个数字都出现了，而且没有一个重复汉字，念一遍只用十几秒钟。如果学生把这个句子念下来，就认识了 23 个汉字。

第二句：

王先生是位非常有经验的老师，在这儿教我们学习现代汉语。

这个句子用了 25 个汉字，也没有一个重复汉字。

我们共编写了 50 个这样的短句，一课一句。每课分为三部分，第一部分是用拼音和翻译介绍短句中的字音、字义和词音、词义。第二部分是用汉字书写的短句。
第三部分是用本课新学的汉字与学过的汉字进行组词。如第一课的组词：

一九九四年 一九九五年 一九九六年 一九九七年

十一 十二 十三 十四 十五 十六 二十

一月 二月 三月 四月 五月 六月 七月 八月 九月 十月 十一月
十二月

一号 二号 三号 四号 五号 六号 十五号 二十号

一点 三点 四点 五点 六点 七点 八点 九点

六点半 差十分四点 半年 一年半 三年 五年

第一课的组词把年、月份和小时的表达法都给出来了。每课组词基本上都是
常用词。编写组词的目的是利用汉字的构词性让学生在识字的基础上扩大识词量。

为了使学生由集中识字过渡到阅读短文，我们在 50 课中，每隔 5 课插入一篇
短文，短文用前面学生所学过的字词写成，字数在 500 字到 800 字之间。

（二）具体教法

教学进度设计为一天一课（每天教一个短句、25 个左右新汉字）。在实际教
学中，开始学生会觉得较容易，所以教师可以快讲，然后逐渐放慢速度。第一天
可以教三课，第二天、第三天、第四天每天可以教两课，从第五天以后每天教一课。
也就是说，前五天可以让学生识 250 个汉字。

每课的教法是，在课堂上，从单字开始，由字音、字义到词音、词义，最后
到朗读短句。课堂上可以让学生念，也可以由教师领读。最后教师留作业，让学
生课下跟着录音反复朗读新学的短句。第二天上课首先是复习，教师检查学生对

所学过的短句的认读。所谓复习，就是学生对已经学过的短句从第一句开始进行朗读，以防遗忘。因为短句不长，念一遍只用十几秒，所以用几分钟就可以把学过的短句复习完。复习的方法是学生个人单念和集体齐声朗读相结合。复习之后检查前一天新学的短句，方法是让学生一个一个念，教师进行正音、正调。我们认为，对汉字认读的次数越多，学生识字的能力就越强。我们编写的句子短小，含字量大，尽量不重复用字，为的就是在课堂上能让学生重复认读，因此，课堂教学的原则就是尽可能增加学生反复认读短句的次数。

在学生能把新学的短句念下来以后，让学生念组词部分的词。这部分词重在让学生认读。对于词义，有的词他们在口语中已经学过，需要和汉字对上号，如常常、经常、现在、上午、明年等；有的词他们根据字义可以推断出词义，如中餐、西餐、中学、小学、鞋店、古人、古代等；有的词教师通过简单讲解可以使学生理解，如祖国、字母、作家；有些不容易理解的词教师可以让学生查阅词典。在让学生认读这部分词时，教师可以让学生进行一定的口语练习。

对于每学习 5 课后所插入的一篇短文，教师主要是让学生朗读。

对于短文中学生不懂的词或句子，教师进行必要的讲解和说明，方法像一般的短文教学一样。

我们的教法可以归纳为：短句天天念，学新不忘旧，以句带词，以词带字，以字组词，识字和阅读相结合。

（三）教学效果

不论是日本学生还是欧美学生都可以在不影响口语学习的情况下，用 35 天学完 40 句，识 1000 个字，平均每天识近 30 个字。我们使用"语文一体"的教材，让学生 100 天识 800 个字，平均每天识 8 个字，也就是说，集中识字的方法在速度上要快三倍多。另外，用集中识字的方法，学生识字量大，吸收新词语的能力强，所以他们的阅读能力提高得就快。识字教学五天后我们教的第一篇短文《四世同堂》就是 500 多字，第二篇《中国见闻》600 多字，第三篇《访冰心》800 多字。由此可见，集中识字教学达到了快速提高学生阅读能力的目的。

集中识字教学的另一个优点是阅读的内容更能满足外国成年大学生的需要。因为过去用"语文一体"的教材，阅读课文往往是和口语内容相配合，所以内容浅显、乏味。而和集中识字所配合的短文阅读，不仅文体上可以使用书面语的词汇和句式，而且内容更富有文化内涵和文学色彩，从而达到了阅读教学的真正目的。

实验证明，采用两个"分开"和两个"先后"的总体设计，确实使我们在"语"和"文"两个方面都取得了更好的教学效果。

首先是口语教学，由于不受汉字的干扰，学生们不仅学起来容易，而且速度快，掌握的词汇量比使用"语文一体"的教材要大得多。

按照汉字形体结构的系统性来进行的汉字书写教学降低了学生学写汉字的难度，增加了他们的学习兴趣，受到了一致欢迎。通过这样的教学，学生们学到的不仅是一些汉字的书写，而且具备了一定分析和记忆汉字的能力，为他们以后的学习打下了坚实的基础。

识字教学由于采用集中识字的方法，虽然用时少，但学生的识字量大，从而达到了快速提高阅读能力的目的。我们的体会是要想从根本上解决外国人学汉语难的问题，前提是要有一个合理的符合汉语和汉字特点的总体设计。

第三节 词汇集中强化教学模式

多年来，对外汉语教学事业有了很大的发展，成绩是显著的。但是我们对语言习得过程缺乏了解，以至于除了语音阶段和句型阶段，我们的教学总体上仍然存在误区，效率比较低，主要是词汇量问题没有解决，学生的交际能力提高不上去。

一、语言习得的心理过程

近年来科学界对人脑认知过程的研究有了重大进展，一门新兴的学科——认知心理学正在兴起。语言习得是人类认知的一部分，很多科学家对此做了大量的研究，他们的研究成果已经足以引发外语教学（包括对外汉语教学）的一场革命。

（一）习得与学习的区别

克拉申的习得与学习假设对语言认知研究产生了巨大的影响。现在外语教学界差不多人人都在谈论习得。克拉申认为习得是儿童获得第一语言的途径，是下意识的、隐性的，而学习是有意识的，是正规地从语言学方面理解语言，就像现在我们的课堂教学那样。他经过研究得出结论：要学会一种语言，习得是首要的，而学习是辅助性的。他还认为学到的语言知识不可能转化为习得，也不能用来自然表达思想。克拉申的另一个重要理论是他的输入假设：我们是通过可懂输入习得语言的，注意力集中在信息上，而不是集中在语言的形式上。克拉申的理念否定了我们现在外语教学的很多做法。①

因为我们的外语教学既是让学生进行有意识的学习，又使其把注意力过分集

---

① 斯蒂芬·克拉申，何勇. 第二语言的有效习得 [J]. 国外外语教学，1984（1）：14–17.

中在语言的形式上，所以对于克拉申的理论，我们多数人有一种复杂的感想，既觉得它有道理，又觉得它有些片面，但是对它的得失对错又说不太清楚。我们每个人都有体会，语言确实有很多东西是习得的，学语言跟学数理化不一样。但是如果不像现在这样学，那又该怎样学？

克拉申的语言习得理论中有一个很重要的假设是，人类头脑中有一个语言习得装置，当可理解的语言信息输入大脑以后，这个语言习得装置就会自动地习得语言。虽然他对这个语言习得装置的内部结构没有做任何说明，但是我们可以从乔姆斯基的理论中找到解释。乔姆斯基认为语言是生成的，因为人脑中存在着普遍语法，世界上所有语言都有某些共同的原则，这些原则是遗传的，是人类头脑中固有的。婴儿生下来头脑中就有一些语言参数，这些参数的值处于待定状态。婴儿生活在某种语言环境之中，某种语言不断输入，这时参数值就得到确定，形成特定语言的语法。这样，乔姆斯基对人类为什么能够习得语言做出了解释。

虽然第二语言习得与第一语言习得有很多不同之处，但我们没有足够的证据认为这两者在本质上是不同的，因此，我们没有理由认为第二语言可以通过学习的方法获得。这样，我们要研究的是怎样通过习得的途径进行对外汉语教学。

（二）知识的分类

我们可以对知识做各种分类，这不是什么惊人之处。认知心理学家将知识分为两类：一是陈述性知识，二是程序性知识。

陈述性知识是关于某一件事是事实的知识。比如，我们知道三角形是有三条边的封闭的平面图形，这就是陈述性知识，我们能够回答"三角形是什么"这样的问题。陈述性知识在记忆中的储存形式是命题，表示陈述性知识的基本手段也是命题。程序性知识是关于怎样做一件事的知识，例如，我们能够将大大小小的三角形从其他各种图形中分出来，这就是程序性知识。能够分出三角形的人并不一定能够回答"什么是三角形"。

表示程序性知识的基本手段是产生式。当陈述性知识被激活的时候，信息会再现。当程序性知识被激活时，结果不是简单的信息再现，而是信息的转换。我们可以看出，陈述性知识是定义性的，而程序性知识是操作性的。因此陈述性知识是知其所以然的知识，而程序性知识只要知其然，不一定要知其所以然。

什么是产生式？产生式可以用条件—操作规则来体现。如果存在某种条件，那么操作就可以按照规则产生。一个产生式有两个分句，首先是表示条件的 if（如果）分句，然后是表示操作的 then（那么）分句。例如：

if（如果）图形是平面的，

而且图形是三条边的，

而且图形是封闭的，

then（那么）就把图形归类为三角形。

因此，程序性知识有两个方面：一是形式识别程序，这就是 if（如果）分句的内容，这是识别与区分刺激物的能力。二是操作一次序程序，这是 then（那么）分句的内容，是执行一系列操作的能力。所以学习程序性知识首先要学会辨认形式，然后要学会执行一系列的操作。

区分陈述性知识与程序性知识对于外语教学和对外汉语教学非常重要，因为这两种知识的获得过程不同。

陈述性知识的获得是新的命题与记忆中原有的相关命题建立联系然后储存在命题网络中的过程，所以获得陈述性知识相当于创造意义。研究一个复杂的理论问题需要对理论进行分解，使理论中的新命题与学习者的已知信息逐一建立联系。

建立起联系就是建立起意义，就对理论产生理解。如果不能建立联系，那么就不能获得意义，这时候就需要教师进行分析讲解，帮助学生在新命题与已知命题之间建立联系。联系建立起来的时候就是知识获得的时候，学生就会说，"懂了"。学习陈述性知识是懂不懂的问题，学习陈述性知识时教师的讲解是必要的。

程序性知识并不是以命题的形式储存和表达的，而是以产生式的方式存在的。学会一个产生式，必须学会辨认形式并且学会一系列操作。学会辨认形式可以通过经验，而不通过教师的讲解。例如，儿童在上学以前就能够习得数以千计的词，这些词主要靠他们自己在经验中概括和区别获得。但是适当指出形式之间的区别特征对于学习是有利的。形式识别程序完成以后就为操作一次序程序做好了准备。学习操作首先得用陈述性的形式来表示操作的一系列次序，然后按次序一一操作。一次序程序操作是一个缓慢的过程，而且常常会遇到挫折。这与陈述性知识的获得过程有根本的区别。学习陈述性知识只要懂了就算会了，而学习程序性知识只是懂了还不能算会。学习程序性知识主要的方法是练习操作。

对外汉语教学中的知识是什么知识？当然是既有陈述性知识又有程序性知识。学生应该着重学习什么知识要看学习汉语的目的。如果为了研究汉语，那当然以学习陈述性知识为主。如西方的一些汉学家，他们掌握了很多汉语知识，但他们不能用汉语交际，那些知识都是陈述性知识。当然这样的情况很少，多数人学汉语是把汉语当作交际工具。用来交际的汉语知识是技能性的，是程序性知识。我们把语言技能分为听、说、读、写四种，技能就是操作一系列一次序程序。

陈述性知识作为研究的对象，无论语音、词汇、语法还是文化都有很多人在研究，已经发表了无数的论文和专著。而程序性知识是潜在的，我们意识不到它的存在，无法进行研究。即便研究，其成果也是陈述性知识。心理学和生理学研究表明，人的大脑两个半球的分工是不同的，根据研究我们可以推测，学习陈述性知识是大脑左半球的功能，学习程序性知识是大脑右半球的功能。大脑右半球的程序性知识是无法表达的，如果要表达就得通过左半球去寻找适当的词语，一旦表达出来就成了陈述性知识，而不是程序性知识本身。所以即使你听懂了这样的表达，仍然学不会程序性知识。例如，一个人要学骑自行车，别人告诉他怎样骑自行车，他虽然听明白了，但只要一上车，他照样摔跟头。只有自己不断练习才能学会。研究表明，词语和语义的记忆是在大脑的左半球，技能的记忆是在大脑的右半球。如果用学习陈述性知识的方法学习语言，那么学来学去知识都在大脑的左半球，不可能在右半球形成交际的技能。

程序性知识是动态的，是信息的转换。听、说、读、写四项技能的运用都是转换。说、写是从意义转换到表层形式，听、读是从表层形式转换到意义。转换是对环境的表现，所以程序性知识与环境相联系。用汉语交际也需要一定的陈述性知识，但通常层次的汉语运用不需要有陈述性知识的深度，只需要一些基本的知识，这些知识反映在练习操作之前的形式辨别与操作步骤的说明上。

认知心理学对知识的这种划分与克拉申的习得理论是一致的，用学习的方法只能获得陈述性知识，要获得程序性知识必须用习得的方法。

虽然我们能够分清这两类知识的差别，但在教学中我们常常搞错，在应该按程序性知识教学时，却大讲陈述性知识，而且自以为这样才能使学生学得扎实。尤其是具备较多陈述性知识的教师，很想把自己的知识传授给学生。陈述性知识靠传授，程序性知识靠练习。初、中级阶段的学生需要的是练习，教师讲解太多就导致教学进入误区。更大的问题是，现在的教材是按学习陈述性知识的思路编写的，所以无论任课教师如何努力用习得的方法教学，却终究无法跳出这个误区。因此，改革必须从总体设计和教材入手。

（三）语言习得的两种心理机制

1. 生成机制

语言是生成的，人们并不需要学习实际存在的每一句话，而是可以通过规则来造句。这一点是人所共知的常识，即使行为主义心理学和结构主义语言学也承认这一点，否则教授语法结构就无任何意义了。听说法的替换练习就是一种语言生成练习，但这种在意识指引下的组词造句不是现代意义的语言生成。现代生成语法理论的要点是人的语言能力具有一种生物学的规定性，是先天的。人脑中存在着一种无意识的语言规则，在语言环境的影响下，语言会根据这种无意识的规则生成。学龄前儿童没有学过任何语法规则，但他们到五六岁时能够说很地道的母语。一个成年人滔滔不绝地讲话，他的脑子里根本没有用意识指引造句的过程。显然语言是在无意识的生成机制下产生的，可见生成机制在语言习得过程中起着重要的作用。当然人们在意识指引下也可以组词造句，但不可能具备较好的语言交际能力，这样的组词造句属于另一种认知系统的机制。

2. 记忆机制

生成只是语言习得过程的一部分，不是全部。另一种重要的机制是记忆。首先，语言不仅仅是语法，还包括更广泛的内容，如语音、词汇、语义等。语法与语义的关系是约定俗成的，很多表达方式是习惯性的。既然约定俗成，那么就没有什么规则可言，生成机制在这时候就不可能起作用，只有运用记忆系统才可能习得这些表达方式。语言中的大量词语、惯用语、固定结构以及"对什么人在什么场合和什么时间用什么方式讲些什么和不讲什么"等，这些都靠记忆，无法生成。其次，大量的语言事实表明，即使是语法规则也存在不少非规则性的例外，语言的规则显然并不是那么整齐划一的。什么时候是例外也需要记忆。例如，在研究儿童语言习得时人们常常发现孩子们会过度使用语法规则。一个刚学会用加 d 或 ed 来构成动词过去式的儿童会把这一规则同样应用于不规则动词，出现 comed、doed 和 breaked 这样的错误。这些例子不但证明语法规则是生成的，也证明仅仅靠生成并不能保证生成出来的句子都是符合习惯的、能够被人们接受的。孩子们在进一步学习中对此加以纠正，学会了 came、did 和 broke，说明记忆机制在他们的语言习得中已经发挥了作用。心理学家们对语言习得中记忆的规律做过很多研究，这些都有重要的指导意义。

二、对现行总体设计的评价

（一）语音教学与句型教学是成功的

目前的语音教学基本上是成功的。语音作为汉语学习的开始，一定要打好基础，所以语音一定要从单音教学开始，让学生明确知道汉语的语音特征，然后逐渐从单音到音节，再从音节到语流。语音阶段要进行大量的口腔操练，从模仿开始，把汉语的声母、韵母和声调练得滚瓜烂熟。由于学生们接受新语音的能力不一样，要做到人人语音标准实际上是不可能的。

目前最成功的是句型教学。几十年的实践证明，在较短的时间里把汉语的基本语法集中起来进行强化训练的方法行之有效，而且效率比较高。在句型阶段，教师们觉得教学很顺利，学生们觉得学得很充实，每天都有进步，三个月下来就惊喜地发现自己有了很大进步。因此，句型教学受到普遍欢迎。这是结构主义语言学和行为主义心理学在外语教学中的作用。但是句型教学也曾受到很多批评。有人说机械的句型操练脱离语言情境，并不能培养较好的交际能力。有人说语言不单是结构，更重要的是功能，等等。确实，按照听说法的构想，学会了句型就等于学会了一种语言，这显然把复杂的语言现象看得太简单了。事实上，只凭句型教学不可能实现那么高的目标。听说法的问题在于它用句型教学代替了全部外语教学。事实上句型阶段结束以后外语教学并没有结束，只是外语教学的初级阶段结束了。句型教学的优点在于它对语言的基本结构进行集中强化训练，能够在较短的时间内给学生打下一个良好的基础。这个基础对于学生进一步学习无疑是非常重要的。克拉申的输入假设确实有道理，但输入必须可懂，我们可以用句型教学的方法帮助学生尽快掌握语言的基本结构，使其尽快理解汉语内容。与早期句型教学不同的是，我们现在的句型教学不仅是机械的句型替换，而且把新句型编进了对话和课文，这样就有了一定的语言情境。如果说目前的句型教学还有什么不足的话，那就是强化的程度不够，学生对每一种句型还没有达到滚瓜烂熟的程度。

语音和句型教学的成功让我们可以清楚地看到，语言教学有两点是非常重要的：第一点是目标要明确，第二点是集中强化。

（二）句型阶段以后的路走错了

句型阶段结束以后，我们开始了短文教学和以较长的文章为课文的精读课（或者称为综合课）教学。这时候教师和学生的共同感受就是效率越来越低，学生们觉得学得很辛苦却收获不大，好像是在爬坡，又爬不上去。

其实原因非常简单，句型阶段结束以后我们面临如下选择，即外语教学向何处去？教什么？怎么教？在短文教学和精读课的十字路口我们走进了误区。首先是对于教什么，学什么我们失去了目标。在语音阶段和句型阶段我们的目标非常明确，必须让学生把所有东西学完。但是在短文和精读课阶段我们的目标是什么？什么是必须的？我们的做法是，无论短文课还是精读课都以课文为核心，编教材的时候是先选课文，然后从课文中挑生词、找语法点，最后编练习。为什么要以课文为核心？这样做有什么道理？选课文的时候为什么一定要选这篇文章，选另一篇文章不可以吗？实际的做法是选到什么算什么，带有很大的偶然性。课文里有什么词语就教什么词语，课文里有什么语法就教什么语法，碰到什么教什么。教学内容不确定是因为我们的教学失去了方向，不知道应该教什么了。在语音和句型阶段，我们没有以课文为核心，在句型阶段以后为什么一定要以课文为核心呢？语言有三大要素：语音、语法、词汇。首先，在对语音和语法进行强化训练以后，按理应该对词汇进行强化教学。以课文为核心的精读课显然不是对词汇的强化教学，那么为什么要放弃对词汇的强化训练？其次，放弃了集中强化的手段。在语音和句型阶段我们很少讲解，把时间尽可能地用于操练，让学生把所学的内容练得滚瓜烂熟。这是很清晰的程序性知识习得思路，我们成功了。到了短文阶段，课文中出现的语言点显得零零散散，而且不能像句型阶段那样进行大量操练，词语和语法只好以教师讲解为主。课文后虽然附有一些练习，但这种练习不再是集中强化的操练形式，练习做完了并不能留下深刻印象。久而久之，我们不知不觉地放弃了程序性知识的习得方法，而代之以学习陈述性知识的方法。

尽管外语教学流派林立，各种教学法，但都不过是初级阶段的教学方法，都没有涉及中级阶段的教学。而在初级阶段，一种新的教学方法都不过是在句型教学的基础上做了一些改进的尝试。它们虽然各有长处，但都不比句型教学更简洁有力，更容易操作，成绩更显著，都无法战胜句型教学。但是外语教学不仅仅是句型教学，语言有更复杂更丰富的内容，仅仅掌握一些基本句型不能应付千变万化的语言情境。实际上，我们迫切需要的不只是改进初级阶段的教学方法，而是怎样把外语教学深入下去，开拓中级阶段教学的新思路、新方法。

很多教师都知道，基本句型以后的教学重点应该转移到词汇上去。词汇量不足是学生在汉语交际时遇到的最大困难。北京航空航天大学"现代汉语词频统计"课题组做过研究，汉语的词汇量是 4 万。英国 Lob 语料库统计出来的英语词汇总数也是 4 万。这仅仅是通用词汇，专业词汇的数量也很大。农科院有关人士说，农业科学方面的专业词汇多达 3 万 ~ 4 万。一个专业人士的听读词汇量是 5 万 ~ 6 万。

学生应该掌握多少词？汉语水平等级大纲选定 8822 个词作为高等汉语水平考试的主要命题依据。且不说这个数字与 4 万相差悬殊，单就 8822 个词而言，通过现在精读课的学习也是不可能达到的。

曾经有人说一种语言的词汇量虽然大，但常用词只有几千个，只要掌握常用词就行了。还有人根据这种说法做过计算，按照迪勒（K.C.Diller）的统计，如果一个学生掌握了 2500 个常用词，就能读懂书报内容的 78%，掌握 5000 个词就具备读懂一般书报内容 86% 的能力。[①] 这好像很鼓舞人心，但这个统计显然与事实不符。掌握 2500 个汉语词的学生很多，但他们并没有读懂汉语书报内容 78% 的能力。问题在于掌握 2500 个词就能读懂 78% 这个结论是怎么得出的，是指 2500 个词能够覆盖读物中词语的 78% 吗？词语覆盖 78% 与理解 78% 不是一回事。假如一个句子有 10 个词，你只有两个词不认识，好像应该是能够理解 80%，但事实上你很可能完全没有看懂这个句子。英语的冠词 the 的出现频率是最高的，假如它覆盖读物词语的 8%，不代表你学会 the 以后就能读懂读物的 8%，事实上你的理解能力仍然是 0。理解是一个复杂的心理过程，不能想当然。

另外，因为非常用词的出现频率较低而可以将其忽视的看法也是不对的。非

---

① （美）卡尔·康拉德·迪勒（Karl Conrad Diller）著；孙晖，葛绳武译. 语言教学论争[M].
天津：南开大学出版社，1992.

常用词虽然在个体上没有常用词出现得多，但它的数量比常用词大 10 倍，因此从群体上说它跟常用词一样常见。如果你只掌握 5000 个常用词，那么交际中就会不断地碰到生词，而且在不同的场合碰到的是不同的个体，这样会导致外语交际的失败。所以外语教学不能避开非常用词。

三、我们的改革思路

（一）取消精读课

精读课失败不是指课程本身失败，事实上有的精读课非常精彩。只是它在扩大词汇量这一点上效率太低，这说明以课文为核心的方法不可能让学生迅速扩大词汇量。我们不得不把中级阶段对外汉语教学的失败归结到精读课上。精读课的弊端在于它太倾向于把语言知识作为陈述性知识来传授。句型教学结束以后，学生们听、说、读、写四项技能并没有形成，只是打了一个基础。因此下一个阶段必须继续进行技能练习。这里说的练习并不是精读课后边的那些练习，而是指听、说、读、写的实践。我们要用大量的输入使学生形成听和读的理解能力，这是最根本的。理解能力不够，表达能力当然薄弱。在词语集中强化阶段，每一个新词语都应该在不同的上下文中反复出现。

近几年来我们常常讨论语言习得，有些教师感叹成年人已经没有儿童那样的语言习得条件，因此只能用学习的方法来教学。但是没有条件不意味着可以改变语言习得的规律，也不意味着不可以用学习陈述性知识的方法去代替学习程序性知识的方法。用于交际的语言知识只能通过习得的途径得到，不可能通过学习的途径得到。儿童学习母语的优越条件在于语言环境。这个优越条件的实质是数量，即儿童习得母语时有足够的听说实践机会，也就是说有足够的练习次数。符合语言习得规律的条件并不是必须像儿童所需的那样模仿，而是必须像儿童那样有练习和实践的足够次数。对外汉语教学无法创造像儿童那样的生活环境，但是我们可以积累数量。数量是实质，数量就是语言环境。抓住了数量就抓住了实质，有了足够的数量就创造了语言环境。而精读课那种用少量材料慢慢读细、细讲的方法完全违背了语言习得的规律。

（二）中级阶段的任务——词语的集中强化教学

心理学家们在研究记忆的时候对词语习得的规律做过很多研究。词语是以网络的形式储存在记忆中的，孤立的词不容易记住，也不容易检索出来。因此在词语教学中要利用类似、对比、联想、连接等方法，使词语进入网络，并且把整个网络呈现给学生。如果在初、中级阶段我们的目标是掌握 2 万个词语，首先要对这 2 万个词语按语义场进行分类，使每个词都进入一定的语义场。假如某个语义场的词数量不多，就可以让学生一次突击学完，或者分两次学习。假如某个语义场的词语数量很多，可以分三个阶段完成。2 万个词语（其中近 2000 在初级阶段已经学过）可分三个循环进行集中强化，按词语的出现频率分配到一个至三个循环里。每一个循环里，一个语义场为一课，一课学一个星期。假如第一循环第一个语义场有 250 个词语，那么先让学生强记词表。同时要听录音，把词形与语音联系起来。教师要利用构词法以及对比、联想、连接等方法帮助学生记忆。词表中汉语词与学生的母语词对译的方法虽然受到很多批评，但这种方法比较便捷，其不足可以通过以后语境中的重现练习来弥补。

学生完成了这 250 个词语的强化记忆并不代表他们记住了这些词。这些词虽然作为网络的一部分相互联系，但这种联系必须进一步加强，信息必须经过进一步加工。否则，这些词仍然很容易被忘记。另外，记住了这些词也不等于能够运用这些词，因为这些词还没有进入语境。词表水平上的记忆仅仅是记忆的初步策略。因此在突击记住了这些词以后要做的是语境强化。教材要能够使这些词进入语境。语境首先是单句，这是简单的语境，然后是语段语篇。语境训练以听为主，其次是读。对于常用的词语或口语词，教师必须训练学生说的能力，这样，经过几次回忆提取的词在记忆中就比较牢固了。必要时也应该适当进行写的训练。词语突击记忆是开发大脑左半球的功能，在语境中求得熟练是刺激大脑右半球技能的形成。

假如第一循环有 20 个语义场，每个语义场有 250 个词语，那么第一循环下来就积累了 5000 个词。然后开始第二循环，第一语义场再次出现，但出现的是新词语，这些词语与第一循环已经学过的词语结合成更大的网络。这样依次类推，一直到完成第三循环，词语强化阶段就结束了。第二循环强化的目标是 6000 词，第三循环强化的目标是 7000 词。

假如从零起点开始，语音和句型阶段需要一个学期。我们设想词语强化阶段需要三个学期，每个循环一个学期。这样经过四个学期的强化训练，学生积累了两万个词语。虽然这与本族语使用者仍然有很大的差距，但有了这样的训练以后，听、说、读的能力应该已经基本过关，看一般的书报应该没问题了。写的能力可能仍然差一些，可以在以后继续学习时提高。假如我们把语音和句型阶段称为初级阶段，词语强化阶段称为中级阶段，那么更高目标的专门化训练可以称为高级阶段。

不难发现，语言中还存在着大量的不同于基本句型的语法现象，这些在中级阶段都必须解决。中级阶段以词语强化为目标，语法教学应该在词语强化的同时完成。因为句型阶段以后的语法现象零散而不成系统，人们迄今为止也搞不清基本句型以外还有多少语法点，因此基本句型阶段以后的语法教学很难系统化。以往我们是课文中碰到什么语法现象就教什么语法，在词语强化教学的构想中，这一点并没有改变。按照程序性知识的习得方法，只要知道这些语法现象是什么就够了。难点在于教材的编写。过去精读课教材的编写方法是先找课文，只要课文难易程度合适就可以，然后从课文中挑生词做词表和词语例解，挑语法点做语法注释和练习，选课文有很大的自由度。而按词语强化教学的构想是先做词表再选课文，课文必须重现词表上的词语，而且要多次重现。课文与生词的关系整个儿颠倒了，不是根据课文选生词而是根据生词选课文了，这无疑增加了难度。我们不能指望轻而易举就能提高效率，也不能指望一个小小的改变就能大大地提高效率。

随着我们对语言认知心理过程的进一步了解，外语教学（包括对外汉语教学）总体设计的改革势在必行。如何迅速扩大词汇量正在逐渐成为外语教学研究的热点。相信 21 世纪的外语教学将会有一个新飞跃。

第四节　基础汉语教学模式的改革

这里说的"基础汉语教学"相当于我国对外国留学生设立的汉语言专业一年级水平的汉语教学；"教学模式"指课程的设置方式和教学的基本方法。目前国内通行的基础汉语教学模式可以称作"分技能教学模式"，这种教学模式根据技能项目设置课程，教材采用结构—功能法进行编排，课堂教学采取交际法和听说法结合的方式。下面从改革的必要性、现行模式（形成、特点、不足）分析、可借鉴的模式和改革建议四个方面简要说明。

一、改革的必要性

当前，全国高校正在讨论和进行教学内容和课程设置改革。对外汉语教学教学内容、课程设置、教学方法的改革理由至少有三个：

（1）目前我国普遍使用的对外汉语教学模式是在20世纪80年代定型的。吕必松先生说："1980年秋季，北京语言学院针对来华留学生开始了改革精读课、加强听力和阅读教学的实验。第一学期设精读、听力理解和汉字读写三种课型，第二学期设精读、听力理解、阅读理解三种课型。这项实验中制定的课程设置计划和新编教材（《初级汉语课本》系列教材）后来在一部分教学班推广，一直延续至今。"①从总体上看，这种模式反映的是20世纪60年代至70年代国际语言教学的认识水平。多年来，国内外在语言学、第二语言教学、语言心理学、语言习得研究、语言认知研究等与语言教学相关的领域中都取得了巨大进步，研究和实验成果不胜枚举。但是由于种种原因，目前的教学模式对此吸收甚少。

（2）近年来，由于科学技术的飞速发展，人们的工作、学习、生活环境发生了巨大变化。作为为21世纪社会发展培养人才的高等教育领域，国内外大学都在探索适应21世纪的人才培养模式，都在进行教学内容和课程设置、教学方法改革的探索，作为高等教育的一部分的对外汉语教学也应当跟上社会的步伐，运用社会发展所提供的新教育思想、新技术、新手段。

（3）迄今为止，我们对国外的第二语言教学的教学模式特别是汉语作为第二语言的教学模式了解甚少。学界几乎难以回答下面的问题：目前国外除了我们的教学模式，还有没有其他的模式？有没有比我们更好的模式？如果有，是什么样的？我们的教学模式跟人家相比有什么优点？有什么缺点？等等。我们曾经听到不少对我们的批评，但很少看到评价我们的教学模式（甚全教学）不足的文章，也很少看到介绍外国汉语教学模式的文章。

---

① 吕必松. 对外汉语教学发展史 上 [M]. 北京：北京语言大学出版社，2017.

从上述三方面来看，一方面，目前我们使用的对外汉语教学模式在创立之初是一种进步，同时它在教学内容、课程设置、教学方法方面都经历了较长时间的验证，积累了一定的经验。另一方面，这种教学模式几乎封闭性地运行了多年，在全球都在进行教学内容、课程设置、教学方法改革的今天，我们至少应当对它进行一次认真的探讨。

二、现行模式的形成、特点和不足

1. 形成

1973 年以来，我国基础汉语教学模式大致经历了下述变革过程：

（1）"讲练—复练"模式（1973—1980 年）。这种模式以当时北京语言学院《基础汉语课本》的课程设置和教学方法为代表。每天 4 节课，前两节为讲练课，后两节为复练课。这一模式应属于建立在结构主义语言学理论和行为主义心理学基础上的听说法的教学模式。

（2）"讲练—复练＋小四门"模式（1981—1986 年）。在北京语言学院，这种模式是"讲练—复练"模式的发展，即在上述课程设置和教学方法的基础上，为满足刚到中国的学生的急需，开设少量的实用口语课、听力课，稍后还开设了阅读课（包括文学阅读课、历史阅读课）、写作课。这一模式的产生有两个背景，一是受到国际上流行的功能法、交际法的影响；二是为了适应学生学习、生活和交际的需要。实际上这是由"讲练—复练"模式向"分技能教学"模式发展的中间状态。

（3）"分技能教学"模式（1987—现在）。"分技能教学"模式是"讲练—复练＋小四门"模式的发展和完善。应当说，这是一种复合型模式。其构成包括听说法的遗留（精读课反映的）、功能法和交际法的影响（小四门反映的）以及中国对外汉语教学的实践经验（模式的构成方式）。这种模式带有一定的中国特色，与国外倾向于依赖单一的教学理论建立教学模式的做法很不同。实践这一模式的代表性教材有两种：一是鲁健骥主编的《初级汉语课本》，包括精读课本、听力理解课本、汉字读写课本和阅读理解课本，授课方式为"精读＋精读＋听力＋汉字（阅读）。"二是以李更新、李德津主编的《现代汉语教程》为代表，包括读写课本、听力课本、说话课本，授课方式为"读写＋读写＋听力＋说话"。

分技能教学模式已经运行多年，是目前国内各种类型的基础汉语教学中占主导地位的教学模式，各校的课程设置和授课方式大同小异。

2. 特点

现行的分技能教学模式的具体操作可以概括如下：

（1）以技能培养为教学目标。按照语言技能项目（听说读写）分设课程。通行的课程设置为精读课（现在流行称"综合课"）、听力课、汉字课（第二学期改为阅读课）。各种课程都以技能训练为主要内容。说的训练通过精读课来解决，也可在后期开设实用口语课。

（2）教学单元以精读课为核心。每个单元包括两节精读课、一节听力课、一节汉字课或阅读课。精读课的教学内容被假定为整个单元的共核。

（3）在口语和书面语的关系上，采取"语文并进"的方式，以词汇为教学单位，词汇跟汉字同步学习。

这种教学模式以培养交际技能为语言教学的根本目的，突出了语言技能的培养。

3. 不足

笔者认为，这种教学模式存在三点不足：

第一，这种模式不利于学习者对语言项目的掌握。教学设计者希望每一个教学单元都以精读课的内容为共核，在其他课程对精读课的内容进行复练和巩固的基础上，发展到分技能的运用。但迄今为止，还没有发现能够很好地体现共核的教材。目前，只有个别学校在固定使用完整的系列教材，多数学校都是多种教材搭配使用，各课型包含的内容差异越来越大，背离了模式设计者的初衷。

从具体操作来看，在一个教学单元中，精读课的内容包括 20 个左右的生词、2~3 个语法项目、100~200 字的课文。开始的两节精读课只能对内容做一个介绍和初步的练习，学生还没有很好地掌握就要变换课型和学习内容（如转入听力课），而第三节课的内容还没有练熟，学生又要转入第四节课的学习。频繁的转换分散了学生的注意力，使每一阶段的学习都没有达到应有的熟练程度。结果，学生经常感到没有明显的收获。

第二，按技能分课型未必是学习语言技能的最佳途径。应当承认，课内外的专项技能训练有助于学生对某些技能的掌握。但是，语言的各种技能是互相关联、协调发展的，很难完全分开培养。一方面，采用听说法培养出来的学生，其语言技能未必低于分技能课培养出来的学生。另一方面，我们没有理由假设，学生掌握语言技能的过程与课程设计的顺序一样，由说到听，再由听到读写。

第三，如前所说，现行模式的一个最大的弱点是，它对近些年来语言学、教育学、心理学，包括对外汉语教学研究的新成果的体现甚微。

三、可借鉴的模式

他山之石，可以攻玉。与各领域的发展都需要了解国内外的信息、经验一样，对外汉语教学模式也应当借鉴、吸收国内外的教学模式和相关领域的经验和成果。下面试举几例：

（1）美国明德暑期汉语学校的教学模式。这是一种强化教学的模式，适用于短期速成教学。它以听说法为基本依据，课堂教学采用"讲练—复练"模式，有严格的操作程序和管理机制。其特点是坚持听说法教学，不赶时髦，也不按技能分课型，但教学效率和效果得到广泛认可。

（2）俄罗斯莫斯科大学亚非学院的汉语教学模式。该校采用的是汉语语言文学教育的思路。这种教学模式不是单纯强调技能训练，而是技能和知识、理论并重，在注重开设技能训练课程的同时，开设中国历史、哲学、文学、普通语言学、汉语语言学等课程。这是一种适用于学历教育的模式。实践证明这种模式也很成功。

（3）张思中外语教学法。张思中曾是华东师范大学第一附属中学的外语教师。他经过几十年的实践和研究，创造了一种简便、易学、快速、高效的外语教学法，张思中把这种教学法概括为"适当集中、反复循环、阅读原著、因材施教"。《人民日报》1996 年 3 月 22 日介绍，"张思中外语教学法的思路与目前通行的'听说领先''分散难点'教学法不同。他首先教学生集中学习较多的单词，甚至学一册或两册教科书的所有词汇，粗通语法规则，再让学生阅读外文原著，教师做必要的辅导、讲解。这种大胆的、很多外语教师一开始难以接受的教学法却产生了出人意料的效果。由于单词和语法现象的集中，外语发音、词义、构词的规律显现出来了，学习者可按规律去掌握、记忆，收到了化难为易、事半功倍的效果，这是目前通行的词汇、语法分散教学所不易取得的。"由于它的效果显著,目前全国已在上千所中小学应用,并在不断扩散。

（4）先语后文、集中识字的实验。北京语言文化大学张朋朋老师曾应邀到瑞士苏黎世大学做汉字集中识字的教学实验。据他介绍,该校过去一直采用"语文并进"的教学方式,由于汉字难认、难写,不少初学汉语的学生中途退学,或改学其他专业;另外,由于汉字挡道,增加了口语教学的难度,影响了初级阶段口语教学的进度。1999 年该校在第一学期采用"语文分开"的做法,其目的是在初期教学中不让汉字成为口语教学的障碍,提高口语的教学效率。从效果上看,口语教学比较顺利,速度比往年快,学生的口语能力也比往年强,而且学生基本上没有退学的。在学生初步掌握了汉语基本语法和 1000 个左右常用词,有了一定的口语基础之后,采用集中识字教学方法,仅在 20 天里,用 20 学时就让学生学会了 633 个汉字,可以顺利阅读 1000 字左右的简单原文。实验是成功的。

（5）北京语言文化大学陈贤纯老师提出一个通过加快词汇教学速度,提高汉语学习效率的设想。其基本思路是词汇量是制约语言应用能力提高的最重要因素,集中记忆生词可以有效利用记忆的心理规律和汉语词汇规律,大大加快学习生词的速度。设计者拟按每周教授 250~300 个生词的速度,迅速扩大学生的词汇量,大幅度提高汉语学习的速度,计划让学生在两年内学习两万个生词（《汉语水平考试大纲》规定本科 4 年学习的词汇总量为 8822 个）。这种设想与张思中外语教学法遥相呼应。

以上五种做法或设想,有的已被证明是成功的,有的正在实验,有的还仅仅是一种设想,有的跟基础汉语教学直接相关,有的则有一定的距离。但是,这些都无疑对我们教学模式的改革有所启示。

四、改革建议

以上试图从社会发展、现行模式、国内外成功的和正在实验的教学思路三方面说明改革基础汉语教学模式的必要性和可能性。下面谈几点笔者从中得到的启发。

（1）改革教学模式必须以转变观念为先导。当前，对外汉语教学界确实需要强化"改革开放"的观念。要改革就不能故步自封，停滞不前，排斥新思想。要跟上时代步伐，开阔眼界，积极主动地学习国内外和相关学科领域的经验、成果。

（2）要切实认识对外汉语教学的跨学科性质，积极学习遵循相关学科的科学规律，吸收相关学科的新成果，特别要关注教育学、心理学和语言学的最新进展，改变多年来空喊跨学科，实际上不看、不吸收相邻学科理论和成果的现状。当前，人们对语言学习规律非常感兴趣，认识到语言习得和认知规律对语言教学设计和教学方法的重要性，人们接受（习得）一种语言，总是遵循某种顺序，这种顺序是不可改变的。若干年来，人们没有发现这些程序，一直在盲目摸索。一直以来，对外汉语教学界对于心理学领域，包括对于汉语习得和汉语认知领域的研究成果基本处于漠不关心的状态。可喜的是，一些站在学科前沿的研究者在研究语言学习、语言习得方面取得了令人振奋的成果，例如，王建勤对"不"和"没"习得过程的研究、施家炜对 22 个语法现象的习得顺序的研究。可惜的是，教材编写还无人问津，汉字（习得）研究和汉语认知研究仍是一片空白。

（3）重视汉字教学，实行"先语后文，集中识字，先读后写"的教学程序。对于对外汉语教学来说，汉字是最重要的一方面。所谓汉语难学，主要是汉字难学。汉字难学，又难在写上。所以近两年，非汉字圈国家加大了对汉字教学研究的力度。

集中识字的方法在中国人中获得成功，那么，外国人学汉语能不能也走这条路呢？有一种看法认为，不学汉字，就学不会中文，非也。汉族人都是在没学汉字的情况下先学会说汉语的，其他民族也是如此。根据普遍语法的推测，第二语言学习者大致遵循着本族人学习、习得该语言的过程。若真如此，外国人学汉语也有理由与汉族人一样，先学听说（语文分开），再学认汉字（集中识字），最后学写汉字（读写分开）。

这种三阶段教学的好处是：①便于利用汉字的规律。②符合汉字认知、学习的规律。③分解难点，使学习者易于取得进步，不断建立信心。④符合先易后难、循序渐进的教学原则。

（4）实事求是，寻求最有效的教学方法。明德暑期学校的汉语教学启发我们重新认识听说法。也许我们应当重新评价"讲练—复练＋小四门"的教学模式。这种模式的优点是，每天、每课都有非常明确的目标，学习内容集中、强化、反复训练，教师、学生都知道每天学什么，学得扎实。同时，可以通过小四门进行适当的技能强化和获得现买现卖的成就感。

莫斯科大学亚非学院成功的教学模式又启发我们要重新考虑和正确处理语言知识、语言技能和语言能力的关系问题，我们的教学设计多年来坚持的"技能至上"的原则未必是培养语言能力的最佳选择。

第五节　汉语教学新模式设计

一、问题的提出

正常人学习第一语言的成功率几乎是百分之百，可是学习第二语言的成功率却非常低。正如美国语言学家德迪勒所说的："外语教学的历史好像经常是一段失败的历史。在学习外语的学生中，最后能达到通晓双语这一目的的人数从来不多。"① 美国的第二语言教学（对外英语教学）相对比较发达，但据统计，在美国大学学习语言专业的学生中，最后能够实现该专业培养目标的一半即"最低职业技能"水平的人总是很少。第二语言教学的成功率如此不尽如人意，不得不迫使我们考虑教学的方式是否正确。

崔永华认为，目前我国流行的对外汉语教学模式是在 20 世纪 80 年代中期定型的，它反映的是 20 世纪 60 年代到 70 年代国际语言教学的认识水平，而近年来国内外语言学、第二语言教学、语言心理学、语言习得研究、语言认知研究等方面的成果未能被吸收到目前的教学模式中来，而且我们的教学模式非常单一。② 刘珣认为："相当长时间以来我们在教学法的研究和探索方面显得非常沉闷，整个对外汉语教学界大体上按照相同的模式进行教学，几乎没有什么突破；而我们的教学效果并未达到令人满意的程度，我们的教学法体系也远未形成。这就需要我们大力进行教学的改革和探索。"③ 陈贤纯认为："我们对语言习得过程缺乏了解，以

---

① （美）卡尔·康拉德·迪勒. 语言教学论争 [M]. 孙晖，葛绳武译. 天津：南开大学出版社，1992.

② 崔永华. 对外汉语教学设计导论 [M]. 北京：北京语言大学出版社，2008.

③ 刘珣. 对外汉语教育学引论 [M]. 北京：北京语言文化大学出版社，2000.

至于除了语音阶段和句型阶段,我们的教学从总体上说仍然处于误区,教学效率比较低,主要是词汇量问题没有解决,所以交际能力上不去。"①

目前以精读课或综合课为主的教学模式不利于词汇教学和扩大学生的词汇量,不可能使学生掌握大量的词语来应付日常交际。为此,我们提出一条改革思路:从听入手,在一年内给学生输入一万个汉语词汇,解决学生的日常交际问题,使其达到"最低职业技能"水平。如果实验能够成功,就为第二语言教学包括对外汉语教学和外语教学开创出一条新途径。

二、实验目的:验证三个假设

假设一:一年内(两个学期,约1140学时)给学生输入一万个汉语词是可行的。

假设二:学生输入一万个汉语词就能顺利地跟中国人进行听说交际。

假设三:学生输入一万个汉语词就能通过 HSK 中等水平考试。

三、实验设计

(1)实验对象:零起点的外国留学生。被试者年龄在30岁以下,身体健康,智力正常,文化程度在高中以上。

(2)课程设置(每周30学时)

第一学期:19周

①听力课每周15节(共285节,15节机动);②会话课每周5节(共95节,5节机动);③读写课(语音、汉字、阅读)每周10节(共190节,10节机动)。

---

① 陈贤纯.外语阅读教学与心理学[M].北京:北京语言文化大学出版社,1998.

第二学期：19 周

①听力课每周 12 节（共 228 节，18 节机动）；②会话课每周 6 节（共 114 节，4 节机动）；③读写课每周 12 节（共 228 节，8 节机动）。

（3）教材：专门为本实验编写听力教材、会话教材、读写教材。包括：①听力教材一套，16 册，90 课 +70 课（10 课为 1 册）。②会话教材一套，7 册，90 课 +110 课（1—6 册每册 30 课，第 7 册 20 课）。③读写（语音、汉字、阅读）教材一套，7 册，90 课 +110 课（1—6 册每册 30 课，第 7 册 20 课）。听力课每课含生词 60 个，160 课共含生词 9600 个，加上会话课和阅读课的生词，总词汇量在 10000 个以上。听力课生词的主要依据是国家对外汉语教学领导小组办公室汉语水平考试部编写的《汉语水平词汇与汉字等级大纲》。大纲中甲、乙、丙、丁级总共 8822 个汉语词，本教材计划涵盖其中 85% 的词汇，约 7500 个；另有超纲词 2500 个左右，约占教材生词总数的 25%。

（4）教学班：每个班 16—20 人。

（5）教学安排：每天上课 6 小时，学生课下必须保证 2 小时自习，每天学习时间不得少于 8 小时。第 1 周：每天 3 节听力，1 节会话，2 节语音；第 2—10 周：每天 3 节听力，1 节会话，2 节写读汉字；第 11 周以后：每天 3 节听力，1 节会话，2 节读写。

四、实验方法

（一）听力课、会话课和读写课既有分工又互相配合

1. 听力课

（1）听力课的目的是给学生输入语言材料，帮助学生形成汉语语感，通过提

高学生聆听理解的微技能，最终提高话语理解的能力。（2）学生每天学习一课，输入 60 个生词，按语义场输入，当天巩固，以后不断重复。第二天到第五天，每天用 20 分钟复习前一课学的生词。第六天开始每天用 30 分钟复习前一课和前五课的生词。（3）学生先通过实物、手势动作、情境、翻译等方法进行理解练习，然后把这些词组成词组和句子进行记忆练习。因为不要求学生学一句会说一句，只是听懂和记住，所以可以给学生输入大量的语言材料，帮助学生形成汉语语感。

2. 会话课

（1）会话课的目的是解决眼前急需的交际问题，提高学生口头表达的能力。（2）会话课每周 5 节，其中 4 节让学生根据教材用已经输入的生词、词组和短句进行口头表达训练。（3）每周至少一次根据学生的要求进行会话练习，周一让学生提供想说而不会说的句子，教师加以整理，编写会话练习。

3. 读写课

（1）读写课的目的一是进行语音教学，帮助学生认读汉语拼音。二是让学生读写汉字。三是让学生阅读汉语文章，进一步扩大词汇量，提高学生阅读和写作的能力。（2）读写课担负的任务有：学生第 1 周的 5 天学完全部汉语拼音；学生第 2—10 周写汉字和识字，教师重点进行笔画、笔顺和结构教学，先教独体字和偏旁，再教合体字；学生第 11 周以后集中识字，包括词语和短句，开始阅读小短文并进行句型语法练习。

（二）授课原则

六个充分利用：（1）充分利用成年学生的认知能力。（2）充分利用成年学生活动范围广的特点。（3）充分利用成年学生丰富的生活经验和社会文化知识。

（4）充分利用成年学生的抽象思维能力和对外界事物的认识。（5）充分利用语言环境。（6）充分利用教具。

（三）授课方法

六个为主：（1）以学生练习为主，教师精讲学生多练。（2）以输入练习为主，帮助学生储备大量语言材料。（3）以记忆练习为主，培养学生汉语语感。（4）以重复练习为主，当堂识记当堂巩固。（5）以技能训练为主，着力于提高学生听和说的微技能。（6）以鼓励表扬为主，充分调动学生学习的积极性和主动性。

（四）具体措施

（1）取消精读课或综合课，只设听力课、会话课和读写课，听力课为主课。每学期20周，课堂教学时间为19周。其中有一定的机动时间，可以用来复习，进行校内语言实践活动。（2）期中以后，每学期安排一次停课语言实践活动，时间约一周，全年共两次。另外安排周末短途旅行若干次。所有的语言实践活动和旅行都纳入教学计划，与课堂教学相结合。（3）为了减少学生压力，平时和学期末都没有课程考试和检查，每学期只在期末安排一次 HSK 考试，全年两次水平考试。（4）每次上课都录像，教师通过录像得到反馈信息，及时分析教学情况，及时调整教学计划，不断总结和改进教学方法。（5）每天晚上播放两个小时左右的录像片，鼓励实验班的学生和其他班的学生观看。

（五）实验范围和时间安排

（1）第一年在北京语言文化大学汉语速成学院一个班进行实验，同时录像，收集资料。（2）第二年继续在北京语言文化大学汉语速成学院三个班进行实验（一个欧美班、一个日韩班、一个华裔班），另外在国家汉办协助下，从全国选五所学校进行实验（北京、华北、东北、华东、华南各一所），同时收集资料。（3）第三年总结、整理资料、撰写论文和专著、教材定稿,同时完成一套教学辅助资料和教具。

五、实验的理论依据

（一）哲学的系统论、信息论和控制论

哲学是人们认识世界的基础理论,系统论、信息论和控制论为人们认识世界提供具体的方法,是先进的、科学的哲学方法论。

按照系统论的观点,世界上的万事万物都自成系统。第二语言教学当然也是一个系统工程。这个系统结构包括教师、学生、教材、教学大纲、教学环境以及其相互关系等。

这个系统的结构应该是最优化的结构,其关系应该是最优化的关系。教师应该尽职尽责、爱岗敬业、具有奉献精神,学生应该具有速成愿望,教材应该体现改革的思路,易教易学,教学环境应该是最优化的,等等。还要按照教学大纲设计自成系统的教学计划,做好教学安排,确立课程设置,编写系列教材,采用行之有效的教学方法。

按照信息论的观点,第二语言教学是一种有控制的语言信息传输和反馈系统。它是由信息传输通道、信息传输者和信息接收者构成的语言信息源。主要指教材提供的教学内容,也包括教师;信息通道指教学环境,即课堂,包括教学语言信息源时间、空间和教学的组织形式:信息传输者是教师,信息接收者是学生。教师和学生都是教学的主体,教师是教的主体,学生是学的主体。教师起主导作用。

按照控制论的观点,任何教学模式都要做好各方面的控制。第一是生词量的控

制，每天 60 个生词，不断循环，不断重复。第二是难易程度的控制，先教实词后教虚词，先教单词再教短语后教句子。第三是充分发挥教师和学生的积极性，充分发挥教学环境的作用。第四是课内课外相结合，课外练习是课堂教学的延伸；第五是小课堂和大课堂相结合，小课堂打好基础，大课堂进行实践，等等。

（二）第二语言习得理论

1. 克拉申的输入假说

克拉申说："人们怎样习得语言？我们是通过可懂输入习得语言的，注意力集中在信息上，不是集中在形式上。输入假说既能说明儿童语言习得，也能说明成人语言习得。它表明，在语言习得中头等重要的是听力理解，如此，口语能力才会水到渠成。"[①]

我们吸收了克拉申输入假说中合理的成分，即重视语言的输入。我们还借鉴了现代学习理论——学习的规律就是输入大于输出、输入先于输出，厚积薄发。为此，我们提出"先听不说、多听少说"的教学原则。在理解练习中只要求学生点头、摇头、做动作或者说"是，不是，对，不对，好，不好"等简单的话。当然，在学习语言的过程中，也要有适当的语言输出的练习。在第二语言教学中，不教说话是不行的，所以除了听力课这门主课，我们还安排了会话课。特别是在目的语环境中，必须重视学生急于表达、急于交际的心理。

2. 图式关联理论

图式关联理论认为，人的大脑中有关于世界的各种各样的知识，这些知识是以图式的形式保存的。理解语言的过程就是把接收的语言信息与大脑中的图式建立联系的过程。人们理解语言离不开语境，语境跟话语的关联越密切，理解就越容易。

---

① 斯蒂芬·克拉申，何勇. 第二语言的有效习得 [J]. 国外外语教学，1984（1）：14–17.

根据这一理论，第一，我们充分利用成年人大脑中关于世界的各种各样的图式，强烈刺激，反复刺激，帮助学生建立目的语与头脑中图式的联系，并且激活它们，以便形成目的语的语感。在理解练习的环节中，我们主张使用学生的母语激活学生大脑中的图式，这正是成年人学习第二语言比幼儿学习母语速成的优势。第二，成年人学习第二语言最大的困难是记忆。我们在理解练习和记忆练习的教学环节中，尽量把词语放在具体的语言环境里，在上下文中帮助学生记忆。不仅如此，我们更要重视利用大的语言环境，尽可能多地组织语言实践活动，让学生在"游泳"中学习"游泳"。

3. 汉语作为第二语言的学习理论

王魁京在《第二语言学习理论研究》一书中专门谈了以英语为母语的人学习汉语时在社会言语交际中常碰到的问题：（1）对目的语社会成员发出的话语听辨理解能力不足。（2）运用目的语进行言语表达的能力不足。（3）交际策略运用能力不足。（4）文化、心理不适应。（5）寻求交际对象给予配合的能力不足。其中前两个方面都是由学生的大脑记忆库里目的语的语言材料储备不足造成的。[①]

根据汉语学习者的实际问题，我们提出要改变以往的教学模式，加大对学生的输入，加大学生大脑记忆库中语言材料的储备，特别是词语的储备，扩大学生的词汇量。我们从跨文化交际的角度扩充课堂教学内容，改进课堂教学方法，使学生获得跨文化交际的能力。在会话课教材中增加了有关交际策略方面的知识和相关的社会文化知识，以解决学生文化、心理不适应的问题，帮助他们提高寻求交际对象给予配合的能力。我们的教学模式不仅重视语言要素的教学，而且重视语言技能和语言交际技能的训练，帮助学生把语言要素转化为语言技能，进而转化为语言交

---

① 王魁京. 第二语言学习理论研究 [M] 北京：北京师范大学出版社，1998.

际技能。

（三）汉语语言学理论

1.按照汉语词汇的网络系统进行教学

汉语的词汇数量多，而且形不表音，音不达义，词义丰富，用法复杂。在现有的教学模式下，学生只能孤零零地死记硬背，低能低效。其实汉语的词汇不管是形还是音、义都存在着各种各样的网络系统，存在着内在的规律性。比如：

（1）同（近）义词类聚网络

地方、地点、地区、场地、场合、场所、处所

时间、时候、时刻、时光、时期、期间、工夫

走、跑、跳、跃、蹦、蹲

美、俊、靓、帅、美丽、漂亮、好看、秀美、俊美

常常、经常、时常、时时、往往、一直、始终、从来

（2）反义词类聚网络

上、下，前、后，左、右，里、外，南、北，东、西，来、去，进、出，上来、上去，下来、下去，进来、进去

美、丑，好、坏，难、易，多、少，长、短，高、矮

（3）类属词类聚网络

教室、黑板、讲台、桌子、椅子、门、窗户、墙

水果、苹果、梨、香蕉、葡萄、橘子、草莓

亚洲、欧洲、非洲、北美洲、南美洲、大洋洲

中国、北京，英国、伦敦，法国、巴黎，日本、东京

（4）关系词类聚网络

爷爷、奶奶、爸爸、妈妈、哥哥、姐姐、弟弟、妹妹

耳语、手语、母语、外语、目的语

食堂、馒头、花卷、包子、米饭、饺子、面条

根据科学家的研究，词语在人的大脑中是以网络形式存储的。如果按照词语的网络系统进行教学，把人的认知规律与汉语所固有的规律结合起来，就可以减轻学生的负担，大大提高学习的效果和效率。

2. 语法教学充分利用汉语词、词组、句子的结构方式基本相同的特点

近年来，对外汉语教学界不少人呼吁加强语素和词组的教学。现有的教学模式很难进行教学，而我们的教学模式能够比较容易地做到。只要传授给学生一些构词法的知识，学生了解了汉语词、词组、句子结构的一致性，就能比较容易地掌握句子的基本结构。

3. 利用汉字本身的规律进行汉字教学

汉字是外国人学习汉语的难点，学习汉语不能避开汉字，不通过汉字关，汉语是学不好的。为此，必须改进汉字教学，利用汉字本身的规律进行汉字教学。汉字本身是有规律的。每个汉字都是由基本笔画或变形笔画组成的，每个合体字是由独体字或部件组成的。学习汉字也是有规律的，应该先学习独体字，后学习合体字，先学习笔画少的字，后学习笔画多的字。

我们的教学模式吸收了张朋朋的两个"分开"和两个"先后"的教学原则，在教汉字的时候，先教基本笔画，后教变形笔画；先教独体字，后教合体字。在进行识字教学的时候，先教笔画少的汉字，后教笔画多的汉字，同时贯彻"字不离词、

词不离句"的教学原则。从识字教学过渡到阅读教学,让学生在篇章中集中识字并理解篇章的意思,提高学生的阅读和写作能力。

(四)教育心理学理论

1.循序渐进的教学原则

循序渐进就是注重从词到词组再到句子的输入,先实词后虚词、从形象到理性的输入。从身边的事物开始教,由近及远、由此及彼、由表及里。我们注重词语的重复率和重现率,使一个词在不同的词组和句子里、在上下文各种语境里反复出现、反复使用。

2.轻松学习、自然学习的理论

儿童学习母语是在一种轻松、自然的气氛里习得的。他们没有焦虑感,只有成就感。儿童学会一个词或一句话,马上得到鼓励和表扬,这一点很值得借鉴。第二语言教学也应该尽量创造轻松、自然、没有压力的学习环境。实践证明,成年人学习第二语言时,焦虑感越重、压力越大,学习效果越差。为此,我们要在课堂上营造一种师生互相鼓励、学生互相鼓励的学习气氛。

3."七比特"原则和记忆—遗忘的理论

根据心理语言学家的研究,短时记忆每次最容易吸收的信息量是七比特。七比特是"信息接收的节拍"。我们尝试把这一理论应用到新的教学模式中,在做课堂练习的时候,将每次让学生听的词语 7 个左右分为一组,每次教的汉字也是 7 个左右为一组,让学生一组一组地学、听、记。这样学生既不感到厌倦,又容易记住。

学习的过程是记忆和克服遗忘的过程。根据德国心理学家艾宾浩斯的"遗忘曲线",长时记忆的遗忘是先快后慢。所以,我们让学生趁热打铁,及时复习、及时巩固，后一天要复习前一天学过的词语，不断循环。

我们的教学模式尽量吸收前人研究的成果，并把它转化为第二语言教学的生产力。我们的口号是："希望成功，争取成功，不怕失败，避免失败。"

第六节 口笔语分科，精泛读并举

当前，全世界汉语教学界都在讨论如何提高教学质量。这场讨论关系到 21 世纪汉语教学的发展，所以是十分必要的。改革教学首先还是要从整体格局考虑，从某个角度来说，整体格局决定着教学的走向。所谓整体格局，可以概括为教学模式。各国的汉语教学都有自己的传统和教学模式。教学模式体现教学的指导思想及教学法的改革发展。

下面笔者结合一些新的教学思想，总结经验，对当前的教学模式进行"一分为二"的分析，并在此基础上提出一个改进建议。

我们所说的对外汉语教学模式是指以零起点来华外国留学生为对象的一年制正规汉语教学模式。

过去的几十年间，我们大致有两种模式：20 世纪 50 年代初到 70 年代末 80 年代初是一种模式；20 世纪 80 年代初到现在是一种模式。这两种模式中间有一段交叉。前一种模式可以概括为综合教学模式，就一个班来说，是一本书、两名教师、三门课（复习、讲练、练习）。"一本书"，即 20 世纪 50 年代到 60 年代的《汉语教科书》，20 世纪 70 年代的《基础汉语》《汉语课本》《基础汉语课本》；课程由两名教师分担，主讲教师上讲练课，另一名教师（多为年轻教师）上复习、练习课。这里的三门课，其实只是一门课，复习、练习课是为讲练课服务的。这种模式的渊源可以追溯到美国在第二次世界大战期间采用的"非普遍教授的语言"的教学法，"这就是语言学家和本土语言教师合作授课的教学法。根据这种方法，语言学家在本土语言教师的协助下分管该语言的训练"。① 具体来说，就是由语言学家讲解，由本土语言教师指导学生练习，因为语言学家往往不会说这种语言，甚至连读写也不会。

这种模式是由北京大学邓懿教授引进中国的。20世纪40年代初邓懿教授曾在赵元任先生主持的美国哈佛大学陆军特别训练班（ASTP）中文部任教。她在《难忘的岁月》一文中回忆说："他（赵元任）除任主讲教师外，还有一个二十来人的青年集体，他作为练习课教师""赵先生很重视口头练习，他在大课之后，总要配上几节练习，那就是我们这些青年教师的工作了。"②20世纪50年代初清华大学成立东欧留学生中国语文专修班时，因为邓懿有在美国任教的经历，被当时的清华校务委员会主任周培源教授请去主持创建工作。当时，学生的口头实践非常有限，而且没有真正意义的听力训练。所谓"听录音"不过是用几分钟的时间听生词、课文的录音；即使这样的"消极听力"都还得不到保证，常常被挤掉。所以，总体来说，外语教学的实践性原则没能很好地贯彻。结果是学生在开始学习专业后，在语言上困难很大，要有一段很长的"坐飞机"时间。在这种情况下，对外汉语教学模式的改革已是势在必行、迫在眉睫。

20世纪70年代，外国新的外语教学法理论进入中国，如功能—意念大纲、交际法等，这都引起我们对对外汉语教学现状的思考。始于1979年初的教学改革就是在这种情况下进行的。首先是考虑如何在有限的一年时间里，加强学生语言能

---

① 计琳.语境理论在高中英语词汇教学中的应用研究[D].西北师范大学.2016.
② 邓懿，胡小刚.大学英语教学中学生自主学习能力的培养[J].商，2013，(16)：286.

力的培养，改变教学以语言知识为纲的状况。经过认真分析，我们认为，四种语言能力不能平均用力。因为听和读是被动能力，学生自己无法控制听和读的内容；而说和写是主动能力，说什么和写什么是可以控制的。对于在华学习汉语即将进入中国高等学校学习的外国学生来说，如何培养这四种能力成为我们思考的核心问题。我们认为，在一年的时间里，"说"应该控制在一定的限度。这个限度就是学生"说"的能力应该能够满足生活需要，而不必提出更高的要求。在他们的专业学习阶段，"说"的能力跟他们的专业学习是同步的。在一年的汉语预备教育阶段，没有必要也不可能面面俱到。但是"听"和"读"就不一样了。学生的实际情况是，他们学习专业的时候，课上要听讲，课下要阅读大量的讲义、参考文献。外国学生如果缺乏听和读的训练，不掌握听和读的技能，没有养成听和读的习惯，就很难适应汉语学习。因此，我们把"突出听、说"改为"突出听、读"，这就是改革后教学模式的总格局。

为了突出听、读，对原来的课程做了调整，情况如表 3-1 所示：

表3-1　课程调整情况

	第一学期			第二学期		
	口笔语综合实践课	听力课	汉字读写课	精读课	听力课	阅读课
日学时数	2	1	1	2	1	1
周学时数	10	5	5	10	5	5
年学时数	400	200	200	400	200	200

这样的课程设置形成了一种按语言技能分科的教学模式，我们根据这个模式编写了对外汉语系列教材《初级汉语课本》。

不难发现，在这个模式中，听读能力的训练显然得到了保障。听和读单独设课，才有可能对听读能力进行系统训练。结果表明，这一模式适合它所规定的教学对象，也达到了预期的"突出听、读"的效果，因而得到推广，并为全国有同类教学对象的学校所接受，采用至今。

但是多年之后，当我们对这一模式进行重新审视和总结的时候，发现了其中不尽如人意之处。首先是主干课，即口笔语综合实践课任务庞杂。比如，《初级汉语课本》第1—2册里面包括语音、语法的教学，又有听、说、读、写（特别是说）的综合能力训练。结果是什么都想兼顾，又什么都没有兼顾好，互相掣肘。比如，这个模式中没有专门的口语课，主干课虽然要尽量贴近口语，但为了照顾语法，又不能完全上成口语课，所以整个教学不能满足学生对口语的需要。"笔语"（笔头表达）也仅限于笔头练习，缺乏书面汉语的阅读和写作训练，影响了学生阅读能力的提高。语法和词汇项目没有区分哪些是口语的项目，哪些是书面语的项目，哪些是介于二者之间所谓的"共核"项目。

第二学期的阅读课，尽管教学量已经很大了，但毕竟不是泛读课。泛读与精读是相辅相成的，缺一不可。精读课是从质的方面提高学生的语言水平，因而选材要精，处理要细，使学生加深对语言的理解和提高运用能力。但仅凭少量的精读学生是不可能掌握语言的，泛读与精读相配合，学生才能把从精读课中学到的知识，通过泛读扩大、巩固、重现所学内容，增强语感。精读、泛读的配合符合学习规律，已经成为中外语言教学界的共识。而我们目前的教学模式中，精读和泛读一直处于失衡状态，这种状况拖了教学的后腿。

针对现行模式存在的问题，我们提出了改进模式。先要解决认识问题，即如何看待和对待现行模式。我们认为，任何一个模式都不能采取简单化的办法对待，应该采取分析的态度，对前面的模式去其糟粕，取其精华。只有这样，教学才能在原有的基础上不断得到健康的发展，避免教学模式的突变给教学带来的负面影响。

改进模式概括来说就是"口笔语分科，精泛读并举"。"口笔语分科"，大致可以理解为将现在的综合技能课分为"口语"和"笔语"两门课，但要重新设计，二者既有分工，也有配合。

口语课以功能为纲，包括外国学生在中国生活的主要话题，可有两个循环：第一个循环用一个学期的时间，解决最基本的日常会话问题；第二学期上升一个循环。口语课还承担语音、口语句式、交际文化项目的教学任务。

第一年口语课通过对对话体的课文进行教学，让学生进行语篇中对话规律的训练，如开头、结尾、话题交替、打断、插话、转换话题等。当然也要进行得体性的训练。

笔语课则侧重于汉语书面语的教学，即在语言技能上对读写能力特别是读的能力进行训练；在语言知识上，则以语法为重点，进行词法、句法、语义、语用的教学。强调"字"的教学，包括汉字的书写和认读，尽量使学生掌握汉字的规律，理解汉字的理据；在语法范围里，"字"的教学则体现在语素教学之中。课文的形式和内容都从口语的"共核"开始，逐步发展到书面语，再到带有较多文言成分的现代文的阅读。在写作方面，一年级应以应用文为主，以后发展到说明文和论说文，直至论文的写作。即使在初级阶段，也应该有语篇的教学，这一阶段主要是有意识地教授衔接与连贯规则。

与以上教学配合的课有听力课（和现在的模式一样，听力训练仍要占有突出的地位），第二学期再加上泛读课。"精泛读并举"是从第二学期开始的。笔语课发展为精读课，语法开始第二个循环，要增加语篇、语体、风格、修辞等方面的训练。落实泛读要先编出泛读材料再开课。泛读材料是一个开放的项目，经过若干年的积累，能够形成一整套系列的泛读材料。到了中级阶段，还要加上报刊阅读、文言文阅读、快速阅读等课程，同时要根据教学对象的情况开设语言学特别是汉语语言学基础课程、文学课程等，语言课要和这些知识课相配合，打好语言基础。这就是我们提出的改进模式的基本内容（表3-2）。

表3-2　第一学年的课程

	第一学期			第二学期			
	口语课	听力课	笔语课	口语课	听力课	精读课	泛读课
日学时数	1	1	2	1	1	2	
周学时数	5	5	10	5	5	8	2
半年学时数	100	100	200	100	100	160	40
年学时数	200	200			200	200		

这个模式继承了现行模式的分科教学以及突出听读能力培养（听力课、笔语课的设置）的特点，同时加强了口语训练。另外，这一改进模式强调了语法教学的规范化，把口语语法的内容并入口语教学；"字"的教学有所加强。在技能训练中，强化"精读"，开创"泛读"，力求"精"和"泛"的平衡。

总体来说，这个模式并不是简单地对现行模式进行修修补补，而是具有一定革新意义的改进。至于具体的教学方法也要在总结经验的基础上加以改进，体现新的教学思想。

按照这个改进模式，教材同样要进行改革。教材建设的任务十分繁重。每一套可行的教材都要重新设计，特别是要将编写大量泛读教材的工作提到日程上来。这既是建立新的教学模式的需要，更是对外汉语教学教材建设的整体需要。符合科学要求的泛读教材的编写将是对外汉语教材建设的一个新突破。

第四章 文化适应性与对外汉语文化教学

在华留学生的文化适应性对于他们汉语水平与综合文化素养的提高、跨文化交际能力的增强等具有重要的意义。对于在华留学生来说，从汉语教学中收获越多，他们的文化适应能力就越强。如果能够在对外汉语文化教学中注重对留学生进行积极的文化适应能力的培养，将有益于实现汉语教学的目标——提高留学生对汉语的接受、理解和适应能力以及跨文化交际能力。

第一节 跨文化适应性与跨文化交际

一、跨文化适应性研究

（一）积极的文化适应能力

鉴于文化适应性的重要作用，留学生应该培养积极的文化适应能力。结合文化适应理论与跨文化交际学的相关观点，笔者认为积极的文化适应能力的内涵涉及以下内容：

留学生在文化适应过程中，能够清晰地认识到目的语文化与自己的母语文化之间的差异，以客观、理性的态度对待由文化差异带来的不同程度的文化冲突，能够灵活运用所习得的知识来缓解进而解决冲突，以保证自身母语文化身份不受损害为前提，留学生可以不断拓展自己的世界观，将目的语文化里的主流文化观念、文化习俗和交际规约适度地纳入自己的"情感—认知—行为"框架，逐渐建构起区别于母语与目的语文化身份的"第三身份"，进而不断提高自己在汉文化环境中的行为能力。阿德勒（Adler）对"多元文化人"（a multicultural person）所具有的特点的阐释或可以概括积极的文化适应能力所包含的能力层次：第一，在文化心理上具有适调性。第二，处于变化的状态，积极地对待各种跨文化体验。第三，保持不定的自我，拥有灵活多变的文化参考框架。留学生对文化教学的认可度将影响他们的文化适应性，这说明文化教学是培养留学生文化适应性的重要渠道。考虑到文化适应性的重要作用及其与文化教学的关系，我们提出在文化教学中应注重培养留学生积极的文化适应能力，以提高他们的汉语文化水平，增强他们的跨文化交际能力，实现文化教学的目标。

（二）加强跨文化适应性的心理训练

（1）忍受模糊。新文化环境是一种高度模糊不清的情景，对任何事都要求有一个明确说法的人在这种情景中常会有挫折感。意识到存在大量没有答案的问题是正常的，要锻炼自己的耐心和学会与模糊共处，这对身处不同文化中的人来说是极其重要的。

（2）具有耐心。不同的文化具有不同的节奏。在我们的文化中，也许做事要有精确的时间表，在生意方面尤其不能浪费时间。但是在世界其他的一些地方要精确地掌握时间节奏是不现实的，如果把自己的时间观念带入新文化环境中，不可避免地会导致挫折和失意。因此要锻炼自己的忍耐力，耐心是珍惜和把握时机的表现。

（3）善于移情。很多人都曾提到移情能力在新文化环境中的重要性。一些人天生就具有领会和反映别人思想、情感、意图的能力，而一些人却不能。能够从别人的观点理解事物的人是最具吸引力的。尽管做到完全移情是不可能的，但也一定要努力地去倾听和理解别人的观点。

（4）深入感悟。人们在如何看待他们的知识和悟性方面有很大不同。一些人认为他们知道的和感悟到的对所有的人都具有价值；一些人则相信他们的知识和悟性只对他们自己有价值。要清楚科学没有绝对，任何社会科学与行为科学都一样，文化也没有绝对。每一种文化在一定的范围内都是独特的。换句话说，没有任何一种方法可以绝对预测出人们将会采取什么样的措施。一个人越是意识到自己知识的个别性，就越容易与其他人相处。这一点是进行跨文化沟通的任何一个主体都要时刻谨记在心的。

（5）亲和尊重。在任何一种文化中，要想处理好人际关系，就要对不同文化背景的人有亲和力，表示对别人的尊重是非常重要的。适应新文化的有效途径之一就是尽快提高对新文化中人们的亲和力，并从内心深处表达对他们的尊重。

（6）富有幽默感。不论是在本国还是在国外，如果过于紧张就容易生出麻烦，特别是那些身处新文化环境中的人，总会犯一些错误。对自己错误的自嘲或许是消除失望的有效武器。

（7）避免"与世隔绝"。遭受文化冲击最严重的人是那些"与世隔绝"的人，他们把自己与异文化隔绝起来，只生活在本国侨居者的圈子中，要么扳起手指计算回国的日期，要么对异文化指指点点。也许出国的初期得到本国侨居者的支持是重要的，但绝不能使他们成为一道自己与异文化之间的"篱笆"。心态对身处异文化环境中的人而言也是很重要的。

（8）培养冒险精神。很多到国外任职的人都把这一任务看作接受一项艰苦的考验，而不是当作一件颇具刺激性的尝试或体验。在这一体验中，工作只是其中的一部分，全新的文化环境提供了一个令人兴奋的新世界：许多新地方要去，许多新人要会面，许多新习俗要学习，许多新食物要品尝……所有这些都值得你冒险和尝试。因此，具有一定的冒险精神并积极体验冒险的乐趣是主动迎接文化冲击的一种乐观心态，可以缓解紧张情绪。文化冲击来自紧张情绪所导致的焦虑，因此，一定要想办法缓解自己的紧张情绪。一些人通过慢跑、打乒乓球或者网球等锻炼的方式，另一些人则通过调节生物钟、针灸、放松、按摩、瑜伽、药物来做到这一点。

（9）直面现实。直面现实是重要的心理品质。因为不能很好地理解当地的文化和语言，你就会遇到各种各样的问题，如有一些人因为说不清的原因不能成为好朋友，还有一些人你不喜欢他他也不喜欢你，一些事情你永远也不会理解，诸如此类的问题都可能使你难过和伤心。对这些问题采取现实主义的态度是重要的，只有对问题有了清醒的认识，你才会想办法去解决它们。

（10）充满信心。任何一个身处异文化环境中的人都会犯错误，都会有挫折感，但不管怎样，只要具有良好的愿望和善良的人性，终将会被当地人所了解。信心虽然很重要，但自傲绝不可取，对当地人和当地文化一定要抱着谦虚和学习的态度。如果你能做到这一点，知识和友谊的大门就会向你敞开。

二、跨文化交际研究

跨文化交际可能在文化、政治、宗教、价值、伦理方面都有差异。跨文化交际的双方一定要注意这种差异，尊重对方的文化，不能有文化优越感，不能有文化歧视，要了解对方的文化，克服文化差异带来的交际障碍。这就要求汉语教师一方面要熟悉其他文化的习俗和交际习惯，对中外跨文化交际的基本规则有一定的了解，避免因文化不同而产生交际冲突；另一方面要通过隐性的语言教学，通过中外文化对比或中国文化专题介绍向学习者传授有关中国文化的基本知识，让他们了解中国的文化特征和交际习俗，有效地进行跨文化交际。

（一）中国交往文化的基本特点

1. 含蓄内敛，中庸平和

中国人做事讲究中庸之道，不喜欢走极端；做事留有余地，把握分寸；讲求"和为贵"，不喜欢争斗。

在交往中，中国人多替别人着想，不愿意因为自己的诉求而给对方增加麻烦，不愿意用咄咄逼人的方式表达自己的观点或达到自己的目的。"与人为善"是普遍被人接受的社会习俗，而"己所不欲，勿施于人"更是成为一个行为准则。

"克己复礼"曾经是孔子的最高追求。"克己复礼"就是忍让克制，使自己的行为符合社会的道德要求，不能因为争斗忘记自身修养，破坏社会安宁。

"上善若水，水善利万物而不争"，意思是说，应该像水那样，对万物有利，与世无争。老子认为，一个人的德行如果能做到像水一样，就能顺利、安然。

但是，中国人的这种中庸平和的交往方式常被西方人认为是缺乏主见。这种表现为一团和气的社会习俗虽带来了社会的和谐、安宁，但同时也抑制了竞争和发展，抑制了对真理的追求，使社会不良现象不能得到有效的遏止。相比之下，西方人在交往中更愿意旗帜鲜明地表达自己的意见，不会过多地考虑表达或行为的方式是否会破坏和谐安定的气氛。其实，这两种交往方式各有各的特点，无高下之分。

2. 明确角色，承担责任

中国社会强调个人要明确在社会交往中的角色，要勇于承担社会责任。表现在社会交往上，要清楚上下、长幼、宾主、男女、内外的界限，清楚自己在社会活动中的角色和身份。例如，开会时，具体到交际双方座位的位置、发言的顺序，都要合乎一定的规范，避免冒犯和失礼。

（二）几种中外交往习俗的对比

1. 称呼

在称呼方面中外是有区别的。中国人对上司、师长、年长者、客人忌讳直呼其名，要用称呼表现出对他们足够的尊重，如前辈、元老、令尊、老总、阁下；但朋友之间比较随便，可以直呼其名。在国外，博士、教授等也同样表达了对被称呼者的尊重，直呼其名在交往中也屡见不鲜。不同的是，中国人贬己扬人的称呼习俗在其他文化中是少见的，如称自己为"老朽"，称呼家人为"贱内、小儿"，而称别人的家人为"令尊、太太、公子"。

2. 寒暄

中国人在交往时讲求亲密无间、不分你我。寒暄的内容和深度在其他一些文化中显得过于亲热。例如，西方人普遍把年龄、收入、住址、婚姻、政治倾向看作私事，不需要别人干涉和了解。英国人甚至忌讳别人过问他们的活动去向。美国人交往有三大忌讳：一是问年龄；二是问所买东西的价钱；三是问薪水。

3. 访问

一般来说，中国人的访问比较随意、自由。亲戚朋友间的访问不需要特别的安排，突然造访对主人并不是冒犯，"是哪阵风把你吹来了"是普遍的交流方式。但在国外一些文化中，这种不请自来的访问方式是不礼貌的。事先约定并按时到达在很多文化中是交往的基本礼仪，是礼貌的标志，我们那种串门式的访问在对外交往中要注意克服。

4. 宴请

中国人往往通过宴请来表达对客人的友好，因此，宴请常常会安排在高档饭店，点高档的菜，其他一些国家的人则认为这样过于隆重，根本没有必要这样铺张浪费。吃饭时有些人喜欢劝对方喝酒，双方喝醉了才显示出友情深厚，而这在国外一些文化中则显得粗鲁和不礼貌。

5. 迎送

送别时把客人送得很远，有时甚至含泪告别，这些很能体现中国人的真诚。带官方色彩的欢迎欢送，有些会打着条幅，上边写着欢迎辞、欢送辞，甚至夹道迎送，这些都反映出中国人的热情。但是，并非所有文化都接受和采用这种方式。在很多文化里，靠在门边，甚至坐在椅子上说再见并不能表示主人缺乏诚意。中国人表面的热烈隆重和其他一些文化中表面的平静并没有本质的区别。

6. 送礼

送礼几乎是所有文化中表示友好的方式，但送礼和受礼的方式有所不同。法国人认为到别人家里做客时给女主人送上鲜花（不要送玫瑰花或菊花）或巧克力之类的小礼品是受欢迎的。能给人们带来美感的礼物特别受欢迎，但不要送印有你公司名称的礼品，因为这有为公司做广告的嫌疑；同时，忌讳男人向女人赠送香水。

（三）非言语交际

一般说的非言语交际包含手势、姿态、服饰、眼神、表情、体距、触摸和音量等。

1. 手势

不同的手势在不同文化中有不同的含义。中国人认为手心向上和人打招呼是不礼貌的，如同召唤小狗或挑衅，但在其他一些文化中手心向上招呼人并没有这个意思。握手是世界上普遍的示好方式，但泰国的乡村人对此就相当反感。

美国人与客人见面时，一般都以握手为礼。他们的习惯是手要握得紧，眼要正视对方，微弓身，这样才是礼貌。美国人在社交场合与客人握手时还有这样一些习惯和规矩：如果两人是异性，女性先伸出手后，男性再伸手相握；如果是同性，通常是年长之人先伸手给年轻人，地位高的伸手给地位低的，主人伸手给客人等。

2. 姿态

身体姿态也有很强的文化色彩。例如，英国人忌讳有人用手捂着嘴看着他们笑，认为这是嘲笑人的举止。又如，美国人忌讳有人在自己面前挖耳朵、抠鼻孔、打喷嚏、伸懒腰、咳嗽等，认为这些都是不文明的，是缺乏教养的；若喷嚏、咳嗽实在不能控制，则应头部避开客人再用手帕掩嘴，尽量少发出声响，并要及时向在场的人表示歉意。在接受别人的馈赠或服务（如点烟）时，中国人通常要起身致谢，而西方人一般都坐着不动。同样，东方国家普遍表示尊敬的鞠躬也并不是所有文化的通例。

3. 服饰

服饰在礼交中有很重要的作用。客观地说，现代中国人对服饰在社会交往中的作用认识不足，不少人胡乱穿衣，身着 T 恤、牛仔裤出席盛宴（典礼、音乐会等）的事情时有发生，这在许多文化中都是失礼的。有的国家社交服饰是非常考究的，人们在不同的场合需要穿着不同的服饰。

4. 眼神

眼睛是心灵的窗户，可以表现心中所想。在交往中，眼神也是很重要的交际因素，如美国人对握手时目视他人的举止很反感，认为这是傲慢和不礼貌的表现。西方人习惯于用眼神交流，例如，说话或倾听时应该看着对方的眼睛，这意味着尊重和礼貌。对于比较含蓄的东方人来说，要做到这一点是比较困难的，如果我们长时间盯着一个人，那么此人反而会有些不自在。例如，有一位中国女士，虽然在美国生活了多年，但还是没有学会像美国人一样使用眼神。在一次会议上，她感到长时间与发言的男士保持眼神交流有些不自在，就将目光移开，只是有时看看对方的眼睛并用点头来表示对他的赞同。她的朋友发现了，在事后表达了不满，称她的行为是无礼的，甚至怀疑她根本没有在听。她感到十分委屈，同时更意识到眼神交流在美国人眼中的重要性。说话时不看着对方眼睛除被认为是无礼外，还会被认为是要有意躲避什么。找工作面试时，看着对方的眼睛更为重要，不然会给对方留下不诚实或心不在焉的感觉。

5. 表情

中国人含蓄、内敛，表情远没有西方人丰富，似乎更接受喜怒不形于色的交流方式。在我们的文化中，能控制自己的情感及表情平静是有修养的表现。

《世说新语》中有一个故事，说的是关系东晋王朝生死存亡的淝水之战。前秦苻坚大兵压境，东晋谢安以征讨大都督身份负责战事，战事最紧急的时候他平静地与别人下棋，当侄儿谢玄大败敌军的喜讯传来，他却好像没发生什么似的，神态安详，仪态从容，可见他控制情感的能力极强。这种文化至今影响着中国，因此在交往中我们不会像西方人那样把所有的情感完全表达出来，更不会夸张地表达情感。面对这种差异，我们要相互理解。含蓄不是无情，不是冷漠，因为中国文化推崇忍耐，把爱和恨都藏在心里；完全让内心感情表达出来不是幼稚，也不是软弱，因为西方文化鼓励直接表达自己的情感。

6.体距

人和人的身体距离多远才会让双方感到舒适，每个民族的标准是不同的。"私人空间"的原理告诉我们，当人体被过分接近时，会产生不快及焦躁感。"私人空间"变得狭小不足时，会产生压迫感，从而使人不能冷静、客观地做判断，甚至会采取攻击态度。我们要了解和体会不同民族"私人空间"的界线。例如，西方人同别人谈话时不喜欢距离过近，一般以保持在50厘米以上为宜；而阿拉伯人交谈时的距离就近得多。超过或没有达到合适的身体距离都会让人感到不舒服。西方人心理上的"私人空间"范围比中国人大，距离也远一些。中国人的文化心理状态使我们将自身空间范围局限于身体本身，范围较西方小，距离也较西方近一些。

7.音量

人在不同的交际场合与不同的交际对象交谈时音量是不一样的。而不同的音量在某种程度上表现出了说话人的修养和态度。在跨文化交际中，人们对交往对象的语音十分重视。在语音方面的基本礼仪规范是：与别人进行交谈时，尤其是在大庭广众下与别人进行交谈时，必须有意识地压低自己说话时的音量并轻柔些，只要交谈对象可以听清楚即可。如果粗声大气，不仅妨碍他人，也说明自己缺乏教养。

每种文化都有自己的交际模式，有约定俗成的习惯，对此我们要有清楚的认识。我们不能以一个民族的文化生活习俗和道德标准去衡量另一个民族的同一行为现象。对于历史文化现象，只要是这个民族习惯的、接受的东西，我们就应该将其看作一种正常现象。

第二节　价值观与文化

一、价值观和道德标准

价值观包含着对人的内在价值和外在价值的观点，包含怎样做人、怎样实现个人价值等。怎样做人，实质上就是怎样对待自己，以及怎样对待与自己构成相互作用的其他三组基本关系。这三组关系是：人与他人的关系、人与民族和国家的关系、人与自然环境的关系。一个人的人生价值正是通过对待自我以及与他人、民族、国家和自然的关系而实现的。文化最根本的差异实际上就是价值观的差异，价值观的差异更深刻地反映了一个民族与其他民族交往习俗的差异，更深刻地反映了一个民族对人生、社会、宇宙的看法。当今世界上的许多冲突说到底就是价值观的差异造成的。我们不否认人类存在共同的价值观，但同样也要承认各民族的价值观存在很大的不同，因而不能把自己的价值观强加给其他民族。

由于受各自文化的影响，人们一般都会本能地把自己的价值观当成合理和正确的，而把与自己不同的价值观当成怪异的，这很容易影响跨文化交际，要注意克服。

二、历时文化和共时文化

在进行中国文化教学时要特别注意历时文化和共时文化的区别。历时文化是从纵的方面考察某一文化或文化现象的起源、发展、演变以及阶段性和规律性；共时文化是从横的方面考察某一文化或文化现象在某一历史阶段的表象和特征。"第二语言教学密切相关的主要是当代共时文化。原因是，语言教学的主要目的是使学生用目的语进行有效的交际。脱离当代共时文化的教学对实现这一目的没有多少帮助。"①

例如，美国一位华人祖父想给孙子讲"二十四孝"中的"恣蚊饱血""割股疗亲"的故事，结果孩子们捂住耳朵不听。孩子们认为，中国人的祖先太虐待自己的孩子了。在西欧，有的教师教当地人学汉语时，说的都是清朝的事情，结果学习者以为现在的中国人还是留长辫子，穿长马褂。作为汉语教师，应该多讲在文化接触中已经发展变化了的当代中国文化，多涉及当代中国社会中的交际习惯和礼仪规则，这样才能让学习者把学到的东西运用于真实的交际之中，实现有效交际。

第三节　汉语教学中的文化教学

一、文化教学的内容

汉语教学中的文化教学包括两方面的内容：一是对外汉语教学，即语言课中的文化教学。二是文化课教学。语言课的文化教学与文化课的文化教学性质不同，所承担的任务也不同。一般来说，我们应该对初级水平的学生实施语言课中的文化教学，而对中高级水平的学生实施文化课教学。

语言课属于第二语言教学范畴，其主要任务是通过听、说、读、写等技能和语

---

① 蔡红.汉语作为第二语言教学词汇教学法研究[J].教育现代化,2019(76): 273–274.

言运用能力的训练培养交际能力。交际能力的培养需要借助一定的语言材料，而语言学习材料必然包含思想文化内容，通过对这些内容的学习，学生能够了解这些语言材料包含的文化内容；当然语言课的核心不是文化教学，也无法系统讲授文化知识。

文化课的主要任务是系统学习文化知识，这是为中高年级和汉语言本科学生专业开设的课程。这一课程包括两大内容。第一，中国文化与中国国情。《国际汉语教师标准》要求，"教师要了解和掌握中国文化和中国国情方面的基本知识，并将相关知识应用于教学实践，激发学习者对中国文化的兴趣，使其在学习汉语的同时，了解中国文化的丰富内涵和中国的基本国情"。第二，中外文化比较与世界文明。《国际汉语教师标准》要求，"教师应了解中外文化的主要异同""了解世界文明的基本知识并能在教学中适当加以介绍"。当然，如果在海外，学习者汉语水平不够，也可以使用当地语言介绍相关知识。

语言和文化有着密切的关系，但并不等同，它们有各自的特点。在语言教学中要注意文化教学，但不要把一切都和文化联系起来。我们要特别留意的是那些在跨文化交际中因文化差异而造成的交际障碍和语言现象，更要注意语言教学中的文化现象和差异。不管是语言教学还是文化教学，教师都要对中国文化有比较清晰的认识，一个对自己的文化缺乏了解的人是很难被人尊重的，而了解别国文化历史的人更容易向别人介绍自己的文化。教师要有比较广博的知识面，如社会基本知识、科学常识、世界历史地理、时事政治、时尚名人等方面的知识，至少要对学习对象所在的国家有基本的了解，避免犯常识性错误。另外，教师不要厚此薄彼，不要有偏见。身在异国他乡的人都有民族荣誉感，因此教师不要做伤害学生民族自尊心的事情。文化有不同，但没有高低贵贱之分。

二、向学生介绍中国文化的基本知识

（一）中国历史介绍

在语言学习中介绍中国历史与教授中国历史课不一样，我们不需要学生去记忆我们的历史年表，也不需要学生去接受我们的历史观，但是我们可以在语言学习中穿插历史知识。中国是历史悠久的文明古国，历史故事、寓言、传说数不胜数，其中有非常多的材料适合进行语言教学。

介绍历史最好从学生已知的知识开始，如由象棋上的楚河汉界联系到楚汉相争。一个简单的楚汉相争的故事里就有很多可以讲述的材料。初级学生可以听简单的故事介绍，复述、复写故事；中高级学生可以在这个故事里学到诸如"四面楚歌""鸿门宴""项庄舞剑，意在沛公""约法三章""韩信点兵，多多益善""成也萧何，败也萧何"等汉语熟语，如果再联系到电影《霸王别姬》，就更加自然有趣，能引发学生感慨思考。更进一步，可以给学生讲李清照的诗，"生当作人杰，死亦为鬼雄。至今思项羽，不肯过江东"。并把故事引入对更深入的历史、文学知识的介绍。日本、韩国的许多学生对这些历史都有一定的了解，如阿房宫的历史故事，大多数韩国学生都可以说出来。

介绍历史要有趣味性，如萧何月下追韩信的真诚、刘邦"吾翁即若翁"的泼皮形象、鸿门宴的惊险、乌江边的悲壮。历史知识介绍要针对不同学生采用不同材料。日韩学生大多对《三国演义》《西游记》有一定的了解，有的甚至了解更多，如故事中关公的忠义英勇、诸葛亮的智慧等学生接受起来很容易。利用好历史知识，在进行语言教学时能使学生在不知不觉中接受和了解中国文化和历史。

西方学生对中国历史的了解相较日韩学生要逊色一些，因此可以多采用现实性更强的事例。例如，介绍改革开放给中国带来的巨大进步时，可以通过中国人民在艰苦条件下援助非洲建设（如坦赞铁路）来说明中国人民的无私、真诚。要利用一些中性的论述观念，如借助在西方社会有一定影响的学者有关中国传统文化的论述来介绍中国文化，比较著名的有林语堂的《中国人》等。要持客观、公正的态度向学生介绍灿烂的中华文化，介绍中国人民仁慈、和平、谦逊、友善、忠诚、智慧、有气节、尊老爱幼、舍生取义等美德，介绍时一定要注意，不要进行政治宣传，而是用事实说话。要综合利用古代文献、历史故事、现实情况等，教师只有对这些历史故事有比较清楚的了解，才能针对不同程度的学生选取不同难度的材料，以适应不同阶段不同内容的教学。

（二）中国地理介绍

地理情况是学生比较感兴趣的内容。掌握好地理知识对了解中国文化很有帮助。因此，教师要利用学生的兴趣来介绍中国地理知识并由此介绍相关的中国文化知识。例如，在进行地名介绍时，通过"为什么叫'湖南''湖北''山东''山西'""什么湖的'南''北'""什么山的'东''西'"等问题，教学生学"东西南北"，学"东南、东北、西南、西北"，学各省的名字，学省会的名字。介绍各地的基本地理特点是"干燥"还是"潮湿"，是"高原"还是"平原"时，可以介绍那里的语言、民族、饮食、经济。介绍中国地理知识可以在一些学生来中国旅游之后进行，或在假期开始前向学生介绍旅游景点。

（三）中国民俗介绍

中国人口众多，地域辽阔，各地、各民族风俗千差万别，要充分利用大量鲜活有趣的材料进行教学。一般来说，可以从节庆、饮食、婚丧、语言、艺术等多个方面来介绍民俗。值得注意的是，民俗的介绍不是为介绍而介绍，而是要为语言学习服务，不能脱离学习者的语言水平。正如《国际汉语教师标准》所说，"能根据学习者的反馈及时调整所涉及的中国民俗文化的内容"。

如介绍黄河旧时的牛皮筏子时就可引出"吹牛皮"这个惯用语；讲旧时结婚时吹吹打打时可以介绍"吹喇叭，抬轿子"。"鬼门关""阎王殿"正好可以联系中国人的鬼神观；"老皇历"可以引出中国历法。总之，要把民俗介绍和语言学习结合起来，如介绍山西人爱吃醋可以把"吃醋"带出来，介绍饮食也可以把"吃香的喝辣的"的意思向学生说明一番。总之，"要能根据教学环境、教学目的、学习者的背景、语言水平选择民俗文化材料，并以恰当的教学方式与教学手段介绍和讲授"①。语言教学中的民俗介绍在中高级汉语教学中有很大的发挥空间。

三、介绍中国文化的基本态度

（一）反对民族虚无主义，反对文化沙文主义

对自己的文化要有深入的研究，要客观、真实、公正。鲁迅先生、柏杨先生对中国文化中的丑陋现象的批判可以作为我们客观、公正评价中国文化的借鉴。教师进行文化教学时要客观，要敢于承认和指出中国文化中的糟粕，教师的客观态度能与学生建立信任感，有利教学。

（二）注意文化教学内容的现实性和可接受性

教师要注意向学生展示中国实际的文化风貌，不要把明显落后于时代的文化内容当成中国文化的特点来介绍，同时要避免空洞的说教，要注意寻求中国文化中那些包含人类共同感情的东西，不要把我们的文化（包括政治观、价值观、道德观）强加给学生。教师一定要秉持宽容的文化观，把握中华民族兼容并蓄的特点，博取

---

① 张亚军. 对外汉语教法学 [M]. 北京：现代出版社，1990.

各国文化所长。例如，中华民族在历史上接受了大量的外来文化，唐朝的开放气度使它成为当时世界上最先进的国家。我们对外来文化，如宗教、科学等方面都持有开放的态度。

第四节　中国文化的精神内涵

从整体上看，中国文化的基本精神是以人文主义为内核的文化精神，主要有以下几个基本内涵：

（1）自强不息。正是这种精神鼓舞着中华民族不断进步，巍然屹立在世界民族之林。

（2）正道直行。这是中华民族坚持真理、追求真理、崇尚气节的精神源泉。

（3）贵和持中。"行中庸"，做事不走极端；"和为贵"，不尚争斗。

（4）民为邦本。虽然重民的实质是作为肯定君主专制主义的补充而存在的，但我们不能否认它提醒着统治者要把民心向背当成治国理政的重要指标。

（5）平均平等。历史上从来没有真正意义上的平均、平等，但作为一种思想，它深植在中国人的心中。

（6）求是务实。中国人立身行事讲究脚踏实地，鄙视华而不实的作风。

（7）豁达乐观。"知足常乐""安贫乐道""车到山前必有路""天无绝人之路"等观念使中国人乐于守成，它不等于自我满足、不思进取。

（8）以道制欲。中国人的行为以"道"为准则，情不驳道，欲不逾道。

总的来说，教师要掌握比较丰富的文化知识，并在此基础上有选择地对不同的学生选择不同的教学材料和教学方法。要培养学生完成跨文化交际的能力，教师自己就要对跨文化交际有清楚的认识。在语言教学中，把语言体系本身蕴含的反映民族文化特色的民俗意义教给学生至关重要，这样就可以在跨文化交际中减少信息差，增进互相理解，真正掌握汉语。外语教学不能脱离文化教学，否则所学的外语将永远达不到希望的彼岸。训练学生跨文化交际能力是为了避免他们在交际中出现障碍，因此要培养他们的两种能力：一要能发现跨文化交际不是十全十美的，二要允许交际障碍的存在并知道怎样采取补救措施。但语言教学不是文化教学，更不是文化宣传，对此我们不可喧宾夺主。在文化教学中，既要克服虚无主义，也要克服沙文主义；要客观、公正地评价各种文化现象，以理服人；要在介绍伟大灿烂的中华优秀传统文化同时，尊重其他文化。

第五章　跨文化视角下对外汉语语言要素教学

对外汉语教学作为一门新兴学科，其根本目的是帮助学习者运用汉语进行有效的交际。语言作为文化的组成部分，一方面，深受文化的影响，没有语言就不会有文化；另一方面，语言作为文化的载体，包含着丰富的文化内容。脱离文化的语言教学，就不可能帮助学习者提升跨文化交际的能力。本章分为汉语语音教学、汉语词汇教学、汉语语法教学以及跨文化交际与文化教学四个部分。

第一节　汉语语音教学

语音是语言的外壳，是人们学好语言的重要因素。汉语是一门有声调的语言，这给留学生学习汉语带来了很大的困难，即使学了很长时间的汉语也仍然会把汉语说得"洋腔洋调"。所以语音教学贯穿于对外汉语教学的整个过程，在教学中占有重要的地位。

一、汉语语音教学的主要内容

（一）对外汉语语音教学

语音是掌握一门外语的基础和根本，语言是通过语音实现口头交流的。语音教学在语言教学中的重要性是不言而喻的。

语音教学作为语言教学的基础，主要强调发音练习和基础知识的掌握，只有充分掌握了这两项基本技能，才能在后续的学习过程中更深入、透彻地领悟汉语的精髓。汉语学习的大多数学习者是成年人，他们已经熟练掌握了母系语言的发音，汉语学习对成年人是非常不容易的事情。然而，这并不是说成年人不可能学好汉语，与儿童相比，成年人有更好的理解能力和逻辑思维能力。

初学者在接触汉语时，首先要进行语音的刻意模仿训练，另外老师要发挥引导作用，让学生及时掌握必要的汉语语音基础知识，但不能过于专业化、学术化，避免类似于中文专业授课时的汉语知识大放送，尽量避免给初学者造成汉语学习艰难枯燥的印象。借助于成年人丰富的理解能力和逻辑思维能力，加上老师灵活多变的教学方式，就能让汉语教学工作变得简单。要想教好汉语语音，必须了解学习对象的母语特点，进行有侧重的教学，不要追求面面俱到。即使无法做到按地区或国别进行分班教学，也应当注意进行语音的分类别练习，为学生营造良好的语音环境，尽可能让学生消除母语给汉语学习带来的消极影响。

（二）声母、韵母教学

语音是语言沟通的重要组成部分。对外汉语教学主要是指拼音教学。初学者在学习拼音的初始阶段，一定要增强自信心，不要被看似繁杂的拼音吓倒，教学者务必要强化学生在初学拼音时的信心。对外汉语教师的责任在于帮助汉语初学者跨过学习汉语的语音难关。汉语是世界上最复杂的语言之一，初学者有畏难心理在所难免，通过灵活的方式和多变的技巧就可以让初学者在短时间内过好语音关。

拼音由声母、韵母和声调组成。认识了声母、韵母在对外汉语语音教学中的基础地位后，就要有意识地加强对它们的认知上的理解。第二语言的学习意味着在掌握母语后对另一种语言的学习，经历不断排除母语负迁移的过程，不断积累和增加对第二语言的认识。这个过程贯穿于语言学习的长期实践中，并且是不断修正和不断积累的。由于语音自身变化和结构规律的复杂性，不下苦功练习是很难收到良好效果的。

在声母、韵母教学中，教师示范、学生模仿是最基本的传统教学方法。鉴于汉语的发音特点与留学生母语发音特点的差别较大，教师为了让学生快速领悟汉语发音的精髓，可在正常教学中适当加入夸张发音方法，通过发音示意图进行教学。同时，教师还应当对发音部位、发音方法进行讲解。教师示范阶段结束之后，应当留给学生充足的时间刻意模仿和反复训练，在这期间，教师应当把重心放在实践上，不要拘泥于舌音、鼻音等具体的深奥的名词讲解，不必纠结于具体的发音部位和发音方法，要努力提升学生进行汉语训练的热情和积极性。对学生来说，只要知道如何去发音，发音正确就足够了，而无须一定要明白是鼻音还是舌音。针对不同的声母、韵母，教师要善于运用灵活多变的教学方式，循循善诱地教学，让学生带着兴趣去学习。汉语拼音中"b、p，d、t，g、k，J、q，zh、ch，z、c"是典型的6对不送气音和送气音，外国学生学习这些拼音的典型表现是送气太弱，或者受母语影响不会送气，因此，他们的发声中几乎都不存在"p、t、k、q、ch、c"。授课教师遇到这种情况时，最好的方式是让学生充分理解它们在发声方式上的不同，可以用吹纸条的方式让学生自己去体会两者发音的差异，这样在发声过程中就能很容易区分两者。学生就能根据自己发音过程中是否送气进行有意识的训练，如果唇边能产生强气流吹动纸条，就说明是送气音，在反复刻意训练过程中，学生就能完全掌握送气音和不送气音的区别了。"zh、ch、sh、r"是典型的翘舌音，由于英语不存在翘舌音这一概念，如果留学生受到较强的母语负迁移影响，他们就很容易将这组翘舌音误发为舌面音"j、q、x"。遇到这种情况，教师应当借助发音示意图，翘舌音和平舌音最大的不同在于发音时唇形、舌位不同，示意图能将这些变化详尽地展示出来，教师可以用四指并拢上翘的方式模拟翘舌的动作，并提醒学生注意翘舌的发音，经过反复训练，就能学好这些翘舌音。教学实践表明，"zh、ch、sh、r"要经过很长时间的刻意练习和反复训练才能掌握。教师要讲究循序渐进，不要操之过急，帮助学生在日常训练中慢慢养成正确的发音习惯。

另外，学生一般很难掌握舌尖元音，教师应当适当降低标准。"zh、ch、sh、r"这些翘舌音本来就是从北京话里延伸出来的，中国人说普通话也不见得能把这些翘舌音说得准确无误，更何况是外国人呢？对于舌尖元音，不纠结或不求完美就好。

目前，对外汉语教学很重要的一部分就是短期语言进修，针对这些学生，我们应当采取理解和宽容的态度对待他们的发音，不必拘泥于某个发音而浪费了大量时间，应当注意提升他们的学习积极性，只要他们能掌握基本语音即可，至于发音难点，可以留待以后的工作学习中慢慢领会掌握，教师注意在平时的课堂教学中随时纠正即可。

汉语拼音中有 21 个声母，w 和 y 并不能算作真正意义上的声母。当然，在实际交际中，至于 w 和 y 是不是声母的问题并不重要。在学习拼音字母的时候，教师把 w 和 y 划入声母的行列，如果不是专门研究现代汉语，那么也往往会认为 w 和 y 都是声母。因此，纠结 w 和 y 是不是声母的问题毫无意义，因为这丝毫不会影响人们运用汉语进行沟通和交流。有人曾经钊对 w 和 y 是否为声母这一问题进行过调研，结果发现，日本、沙特、缅甸、伊朗等国家的留学生基本上都将 w 和 y 划入声母的行列，虽然他们已经学过 w、y 的加写和改写，但他们仍然将 w、y

当作声母看待，而且一直坚持认为 w、y 从属于声母。

笔者认为，将 w、y 当作声母进行讲授，效果比较理想，这不仅便于教师的讲解，有助于教学效率的提高，同时可以让留学生减轻学习负担。因此，如果我们将 w、y 仅仅作为声母来学习，那么在学习 i/in/ing/u/u/ue/uan/un 自成音节时，就大可不必再考虑 w、y 的加写了，因为 16 个认读音节已经足够了。在进行拼音听写练习过程中，如果不涉及 w 与 y 的改写，就可以直接将 ia/ie/iao/iou/ian/iang/iong/ua/uo/uai/uei/uan/uen/uang/ueng 默写成为 ya/ye/yao/you/yan/yang/yong/wa/wo/wai/wei/wan/wen/wang/weng，在汉语教学初期，教师就需要对 w 和 y 的改写、加写进行详细讲解，这些知识看上去简单，但是学生学起来很枯燥，这将不利于学生后续阶段的学习。帮助学生走出"畏难时期"是必要的，也是必需的，只有这样才能让学生增强学习汉语的信心和热情。

（三）声调教学

声调学习是语音学习中一个非常重要的环节。授课教师可根据实际情况简化声调教学工作，降低学习难度。在授课过程中，教师应当尽量减少对学术概念的讲解，如阴平、阳平、上声、去声四大声调即可，而只需要告诉学生在汉语中是有声调区分的，也就是一声、二声、三声以及四声。为了让学生尽快掌握四个声调的发声要领，可简单地将其概括为"平、升、低、降"。在实际使用中，四声并不是按照原来的声调进行发声的，人们往往会对其作出简化处理，即对上声进行处理得到半三声，这是基于实际交流中人们很少对上声读全三声这一角度考虑的。如果出现两个三声连读的情况，这时第一个三声就要变成二声。可见，上声都要读为半三声，因此，我们可以认为半三声是上声的一种表现方式，对外汉语教学中的上声发音可以用半三声代替。留学生需要对汉语发音的四大声调进行刻意训练和反复练习，才有可能领会声调的抑扬顿挫。以下教学实践可做参考：声调教学按照阴平、去声、阳平以及上声的顺序进行。阴平是汉语中四大声调中最高的，也是最容易被掌握的，阴平学好了，才有可能对后面三种声调进行学习。之后是去声，建议使用夸张教学法进行讲授，学生很容易模仿被拖长的声调，待学会之后，再将去声缩短。再后是阳平的学习，留学生很容易将阳平发成阴平的形式，教师遇到这种情况时应当及时指出来。前面三种声调学会了，半三声的学习也就不难了。对外汉语教学中的声调学习顺序之所以这样是基于相邻声调差异较大学生易区分的角度考虑的。课堂上的语音教学工作重要，课堂之外的使用练习更是不容忽视，留学生要从基本字的声调发音开始，逐渐增大难度，再到词组的声调练习，直到能够在完整的句子中分辨出每个字的声调。声调学习是一个枯燥的过程，留学生声调基础较差，更需要教师有足够的耐心和精力去纠正每一个声调发音错误。经过长时间的刻意练习之后，相信留学生会对汉语的四个声调有很好的了解和掌握。

（四）儿化韵及变调语音教学

1. 儿化韵教学

汉语中有一个现象令留学生倍感头疼，即 er 有时与韵母结合构成的儿化韵。儿化韵在北京地区极为普遍，但在其他地方并不常见。儿化韵是汉语中一个非常有意思的现象，它的出现能让语义更加活泼生动、表达也更丰富。留学生母语中几乎不会有儿化韵的存在，因此，毫无疑问，儿化韵成为留学生学习汉语的一个难点也就在所难免。儿化韵是极难掌握的，因为它通常不按照一定的规律而是根据实际语境、口语习惯进行发音，有的词语必须儿化，比如住哪儿、过会儿。有的可儿化可不儿化，如茶馆（儿）、瓜子（儿）。还有些儿化需视情况而定，如胡同和胡同儿，一条狗和一条儿香烟等。前者出现儿化是组合方式有差异，后者出现儿化是因为对象有差异。此外，儿化还取决于不同人的使用习惯、口语和书面语的差异、不同地域之间的差异等。

要想学会儿化韵，翘舌音 er 的学习是必不可少的，学会 er 之后就需要对包含儿化韵的句子进行强化训练。留学生刚开始学习读 er 时是极为艰难的，由于不得要领，他们将韵母和 er 分别发声。到这时，第一步就是采取教师示范、学生学习的教学方法，让学生在模仿中体会韵母和 er 结合之后的发音。掌握汉语发音的关键在于能准确模仿标准发音，当然必要的语音知识也是非常有用的。另外，学习语音知识的一个绝佳方法就是和语流教学相结合，通过学习语流中语音的变化对留学生掌握声调变化非常有帮助。语音教学工作是一个长时间累积的过程，单单依靠几节课是远远不够的，更何况，汉语教学中因为声调、变调变得更加复杂，留学生只有经过长时间的刻意、反复训练，才有可能稳步提升汉语水平。儿化词是汉语普通话语音教学中的一个重要内容，也是对外汉语语音教学中的一个难点。在对外汉语教学中，儿化词教学是一个特殊的问题，我们要总结教学经验，把有关儿化词的教学方法策略落到实处，在某种程度上讲，处理好对外汉语教学过程中的儿化问题就是在对外汉语教学中为留学生开创了一道跨越语言障碍的通途。

2. 变调

所谓变调，指音节之间相互影响使声调发生的语音变化。汉语普通话在语流中会发生有一定的规律可循的声调变化，这就是存在于汉语普通话中的变调现象。变调教学强调语音流畅性，这是汉语语音声调教学的难点。变调问题在汉语的词组和短语教学中给学生带来了不小的困扰。针对这一教学难题，教师要善于从教学对象自身的特点出发，充分利用成年人灵活的逻辑思维能力，引导学生对变调规律进行总结，再加上长时间的刻意练习，进而使学生掌握变调。变调在汉语普通话的表现有两种：第二声的变调、"不"和"一"的变调。在实际使用中，四声并不是按照原来的声调进行发声的，人们往往会对其作出简化处理，即对上声进行处理得到半三声。如果出现两个三声连读的情况，这时第一个三声就要变成二声。如果在句尾遇到两个上声连读，就读成全三声。教师应当根据这一规律选取例句让学生在课下进行练习。"不"和"一"的变调与此不同。如果在语流中遇到"一"的情况，如果"一"不是用来表达序数词或者被用在词尾句尾，那么这时就需要对"一"进行变调处理，在语流中遇到"不"的时候，如果"不"不是单用或者在一、二、三声前面，那么这时都需要进行变调，变调为二声。"一"在阴平、阳平、上声前变读为去声，如果"一"出现在去声的前面，这时声调就变为阳平，这种情况下，"不"的变调处理与"一"一致。通过总结这些变调规则，学生在遇到该变调的情况时就会按照规则进行处理，简单直观。

二、汉语语音教学的主要原则

（一）分析语音异同点的原则

世界上各种语言的语音都普遍存在音素、音位、音节、音变等问题，既有相同点又有不同点，这就要对它们加以区分归纳。就汉语、日语、英语、俄语而言，在音素问题上，相同之处在于都有［e］、［a］、［i］等元音音素，都有［p］、［t］、［k］、［ts］、［s］、［m］、［n］等辅音音素；不同之处在于汉语有卷舌元音［er］、舌面前高圆唇元音［y］、舌面后半高不圆唇元音［ɣ］，日语、俄语、英语没有这些元音音素。从音位上来看，汉语与其他语言的音位相同之处是，同时存在元音音位和辅音音位，汉语与其他语言的音位不同之处是汉语中的塞音既有送气音又有不送气音（/p/：/p'/、/k/：/k'/、/t/：/t'/），汉语不对清浊进行区分（/p/：/d/、/t/：/d/、/k/：/g/），而英语、日语、俄语则恰恰相反，这些语言中只存在清音和浊音，而没有送气音和不送气音。还有，汉语中还出现了超音段音位的概念，而这些在其他语种中则是没有的，日语稍有不同，日语中的调位在时刻变化，只有在连读音节时才会出现。在音节问题上，汉语与其他语言一样，都有元音和辅音。区别在于，汉语音节相对于其他语种音节多出了声调的概念。

汉语的音节几乎都是由元音、辅音和声调组成的。汉语音节具有以下特点：每个音节中都存在元音和声调，元音在有的音节中不止一个，所占分量较重；汉语中不会有辅音连续出现的现象，日语、俄语等与此差异较大；汉语和其他语种都会出现音变的现象。然而，汉语的音变多发生在儿化、变调以及轻声上面，其他的语种发生在重音、同化以及弱化上面。从汉语和其他国外语种存在的差别入手，有步骤有计划地开展我国的对外汉语教学工作，对学生学好汉语、熟练使用汉语进行交流都是非常重要的，教师要引导学生进行有针对性地练习，让学生真正做到汉语的无障碍交流。

（二）根据音节进行整体认读的原则

音素是音节的基本组成单位，音节则是最基本的语音单位。在韩语普通话中，一般的音节主要包括三部分：声母、韵母及声调。如果是复杂音节，其韵母部分又分为韵头、韵腹以及韵尾。我国正常的语文教学通常采取分解音节的方式进行，总共分四步：首先让学生掌握韵母的发音，其次教会学生声母的发音，再次是教会学生将生母和韵母组合到一起，最后教会学生音节的四个声调。我国对外汉语教学教授音节的过程与此类似，但是从实际的反馈信息来看，由于留学生自身的特点，按照上述四步音节教学法进行教学时取得的效果有限。原因有以下五方面：

①辨音困难。在汉语音节中，仅仅通过声母发声是模糊不清的，只有借助于元音的效果才能形成清晰的发音，如果每次声母发声都要加上辅助的元音，那么之后想再去掉元音就是比较困难的事情了。

②声母韵母须同时学。在舌尖前元音和舌尖后元音的学习过程中，一定要注意做到与声母学习相结合，否则要想掌握元音是很困难的。

③学习方法有误区。如学习掌握每个音节的四声发音时，学生养成一个很不好的习惯即常常从第一声数到第四声，这种方法使留学生要在拼出某字发音之前需要一段时间的认读，降低了学生识记效率，影响了汉字发音速度。

④拼写复杂。汉字的拼写并不是一件容易的事情，声母和韵母相拼才能形成音节，很多情况下韵母是复杂韵母，其中的规律不是短时间能够掌握的。

⑤需要长时间的积累。汉语是世界上最复杂的语言之一，要想学好汉语，必须从多个方面着手，既要掌握声母韵母的准确发音，又要学会声母韵母的组合拼写，还要学会音节的四个声调，可以说，哪一步做得不到位，都不可能学好汉语。另外，要对400多个音节以及1300多个有效音节有全面准确的了解都需要花费很多的时间和精力。

我们提倡的分步音节学习法还是存在不少的问题，在对外汉语教学中，这种分解音节的学习方式并不能给学生一个整体的感性认识，完全将音节进行肢解教学，看似学生把每一部分都理解得比较好了，但是将它们组装到一起之后认读的实际效果并不好。一个音节就是一个整体，音节才是构成语言的基本单位。如果在学生学习汉语初期就能把音节作为一个整体去讲授，让学生去感受音节的发音，那么效果可能要好得多。我们是否可以尝试一种新的教学方式，首先让学生掌握由韵母和声调组成的音节，其次让学生掌握由声母、单韵母和声调组成的音节，最后让学生掌握由声母、复韵母（鼻韵母）和声调组成的音节。遵循由易到难，从简入繁，循序渐进地培养学生对音节的整体认识和把握，这种教学方式或许对对外汉语教学工作更为合适。

（三）读音和书写结合原则

自古以来，文字就是语言表达的重要途径，人们借助文字进行沟通和交流。文字的出现，让语言的传播突破了时间和空间的限制，人们可以借助文字进行更深入的交流；各种技能、历史知识、经验等都是借助于文字的传播流传至今的，文字对推动社会进步具有积极的意义；有了文字，才产生了书面语言，语言的加工和规范化才有条件得以顺利进行。因此，学习记录这种语言的书写符号——文字是学习任何语言都必须掌握的。汉字是象形文字，属于表意体系的范畴。汉字是汉语的书面表达工具，学不好汉字也就学不好汉语。汉字的特征极为明显，讲究音、形、义融为一体，且汉字的意义和用法有很多规律可循。掌握好汉字的这些特征对于学好汉语是非常有帮助的。

为了能尽快帮留学生摆脱学汉字难的困境，我们的对外汉语教学工作应当把常用汉字的介绍和使用纳入汉语教学工作中。通常说来，汉字属于音节文字，一个汉字与一个音节是对应的（当然儿化音不在此范围之列）。在我国推广的普通话列表中共公布了约1300个实用音节，这些音节几乎涵盖了我们通常交流中所用到的所有汉字。有资料显示，在我国推广的普通话中，常用字2000左右，次常用字1500左右，如果留学生能全部掌握这3500个字，那么基本的阅读就不是问题了。我们可以做个假设，如果在我们的对外汉语教学课堂中设置常用字和次常用字讲授课程，一堂课讲授20余个常用字，那么用150个课时就几乎把所有的次常用字和常用字的读音、书写都讲授一遍。采用这种教学方式，留学生可以在最短时间内就对常用字有全面细致的了解，能读会写。另外，授课教师还应当注意多音字的教学工作，让留学生对同样的字在不同词组中会产生的不同意思有初步了解，这样就更有利于我们的对外汉语教学的开展。除此之外，语音教学、朗读教学以及汉字书写是进行对外汉语教学工作的三驾马车，只有三者并驾齐驱，才能让汉语工作这辆马车行得更久，走得更远，同时也能够提升留学生学习汉语的热情和学习积极性。

三、汉语语音教学中存在的问题

（一）语音教学没有得到足够重视

一方面，当学习者完成了初级阶段的语言学习后，对语音知识有了一定的了解和认识，此时，一部分学习者就会形成对语音完全掌握无须再进行语音学习或语音学习已经结束的错误认识，并在日后的学习过程中逐渐忽视或停止语音学习，直到在学习和交际过程中遇到无法克服的语音瓶颈才再次认识到学习语音的重要性。

另一方面，一些教师未能充分认识语音教学。在他们看来，语音教学的任务就是纠正学习者的发音问题，对于发音准确的学习者无须过多进行语音训练和强化，而对于那些语音基础薄弱的学习者来说，过多的训练也并不能完全纠正他们的发音问题，与其反复操练，不如点到为止，既节省了教学时间，也不会耽搁下一阶段教学的进程。面对这一问题，教师应首先对语音教学的地位和重要性有充分正确的认识，并在教学过程中对学生进行科学引导和观念上的不断修正，让学习者认识到语音学习是汉语学习的基石，只有通过反复训练并将语音学习贯穿到整个汉语学习的过程之中，才可能较为彻底全面地掌握汉语语音，在实际运用中得心应手。

（二）缺乏系统的语音教学视听教材

当前，一些学校所开设的汉语语音课程缺少与之配套的语音视听材料，而真正意义上的语音试听教材在市面上也不多见。面对这一现状，教师只得选用不能完全符合教学需求的教材或采取自摘自选的语音教学内容进行教学，这难免出现所用教材和教学资源与教学安排不匹配的现象，从而影响到教学的质量。我们要将目光放到系统的语音教材编写上，依照对外汉语教学大纲，从满足实际的教学需求入手，编纂出系统完整的语音视听教材，进而有效促进语音教学的开展。

（三）语音教学研究手段和方法仍需提高

由于许多研究者受到当前语音研究条件及水平的限制，在进行语音教学的研究时，易出现依靠个人教学经验，单一凭借相关教学信息对语音问题进行重复性描写的现象。鉴于此类研究报告多半只是个人经验的总结和对他人观点的复述，因此不能为语音教学研究提供具体有效的数据和指导。面对这一现状，我们应不断丰富语音教学的研究手段，拓宽研究方法，积极引进国外先进仪器和实验方式，将教学研究和教学实践紧密结合在一起，促进实验语音学的发展，同时要把语音教学理论成果同课堂教学实践相结合，切实提高对外汉语的语音教学水平。

第二节　汉语词汇教学

对外汉语教学任何一部分内容的学习都是不可或缺的，由于汉语词汇量大，我们在词汇教学方面要加大力度。词汇学习是一个长久的过程，可以一直延续到以后的中高级汉语学习过程中。所以，基础汉语词汇对于汉语学习者来说是非常重要的，教师一定要积累经验，遵循词汇学习的原则进行教学，学习者也要按照适当的方法进行学习。

一、词汇的重要性

词汇是语言的建筑材料，没有词汇就不能产生完整的句子，没有完整的句子就没有语言交际。因此，词汇越丰富越发达，语言就越丰富越发达，表现力也越强。如汉语中父辈的兄弟有"叔叔、伯父、伯伯、舅父、姑父"等，而英语中只用一个"uncle"来表示。在对外汉语词汇教学中仅仅锻炼学生的词汇记忆是远远不够的，还应掌握词汇的语义、句法功能和搭配关系以及词汇的文化内涵和词汇在不同的情景中所具有的附加色彩。

二、词汇的教学方法

（一）直接法

直接法就是要借助直观的手段帮助学生进行词汇学习。对于刚开始学习汉语的学生来说，可以用一些比较直观的教具帮助学生学习。因为人们感知的信息材料越直接、越具体，获得的印象就会越深刻，记忆的效果就会越好。例如，在讲水果、桌子、椅子这些名词时，教师可以给同学们带来一些实物或者直接指出实物；而对于一些具体的动作，如"跑、跳"等，教师可以通过示范来表示。总之，对于一些比较简单的词语，用直观的方法进行教学不但可以加深学生对词汇的印象，同时也可以使学生正确、全面地理解汉语词汇的含义。

（二）翻译法

由于母语和目的语存在着一定的差异，对外汉语教师在词汇教学时，不能完全"等价"地进行翻译，如"如果、即使、是否、假如"都可用"if"来翻译，但是"如果、即使、是否、假如"这几个词内部仍存在着不同，因此，翻译法只能针对那些母语与目的语对应较为明显的词语。

（三）比较法

比较法就是通过对比的方法帮助学生加深对所学生词的理解，也就是利用同义词、反义词进行比较，在比较中发现差异。同义词类比：由于同义词是意义相同或相近的词语，因此在学习生词时，可选择与之相近的词语来进行对比，以此加深学生的理解与记忆。反义词类比：由于词义相反或相对，所以在词语教学时引入反义词也可省时省力。将生词与它相对的反义词进行比较，便于加深学生对两个词语的理解。

三、词汇的教学原则

首先，词汇教学要按照由易到难，由简到繁的规律进行。教学中要先选择那些学生熟悉的汉字进行词汇的学习。这样学生才会更容易接受。例如，我们学习了"开"字，那么结合学过的生词，我们便可组成"开门""开车""开灯"这样的词语。如果我们一开始就教学生"开价""开发"这样的词语，意思就不易被学生理解了。所以，遵循从简到繁的原则，不仅能扩大学生的词汇，还可以培养学生的学习兴趣。

其次，词汇教学要与句子相结合，即在一定的语言环境中融入词汇的学习。在语言环境中正确使用词汇才是词汇教学的最终目的。例如，"小明去开门了"

中的"开"是"使关闭着的东西不再关闭",而在"墙上开了个窗口"中,"开"的意思则是"打通、开辟"。因此,即使是同一个生字组成的词语,我们也应根据不同的语言环境来判断意义。

再次,由于对外汉语是作为第二语言来学习的,因此,不同的学习者会有不同的学习要求,教师对学习者的要求也不同。"说"要求的词汇量相对是最少的,对于一般的学习者,能够进行一定的交谈就可以了,因此,只要进行核心的口语词汇教学即可。"读"的词汇量要求最大,由于个体差异,学习者掌握的词汇量也有一定差距。因此,教师应保证学习者在掌握基本词汇之后,让学习者在力所能及的情况下多掌握一些词汇。

最后,词汇的学习还应加强复习,以减少遗忘。根据艾宾浩斯的遗忘曲线,一般来说,学习过新词后及时进行复习便可加强记忆,一个新词需要6至8次的重现才可以初步掌握。因此,在给学习者留下深刻的印象之后,一定要及时复习并要有目的、有计划地安排进行多种多样的复习,从而保证记忆的清晰。

四、词汇教学的方法和技巧

词汇教学在语言教学中占有重要地位。有时,我们觉得一个词没什么可讲或者不知道该怎么讲,就会选择忽视、逃避,并试图找一个与这个词相关的语法点来替代。其实,只有掌握了汉语词汇系统的特点和规律才能掌握词汇教学的方法和技巧。

(一)词语展示

词语展示环节之前需要导入。导入的方法很多。例如实物、图片、照片、漫画、视频等直观的形式；与学生聊天、提问等逐步引导的方法；也可以直接解释意义，清晰明了。导入的最终目的是引出新词，而不是让学生做游戏、看视频、聊天来活跃课堂气氛。因此，教师在设计导入环节时，要抓住重点，掌控课堂，引导学生发现和运用所要学的新词，并对新词产生学习热情和兴趣。例如，在讲"一定"这个词时，我向同学们展示了"定"字的甲骨文，从字形上让学生感受"定"的意义。词语展示环节需要借助卡片、PPT、黑板等形式。教师在上课之前准备好生词卡片，每讲完一个词就利用卡片让学生反复认读，巩固练习，加深印象。PPT除了展示图片、放映视频外，还可以灵活地展现词语的搭配、组合和运用，不仅节约了时间，也减少了一些不必要的语言描述。尤其是例句展示环节。与 PPT 相比，黑板显得黯然失色。不过，但在实际教学中，黑板仍然是重要的辅助性工具。板书让学生多了一个观看教师书写的动态过程，清晰地展示了汉字的笔画、笔顺、部件，这对于初级学生非常重要。另外，教师要对板书精心设计，清楚地体现出一节课的教学流程，便于学生回顾和复习。

（二）词语讲解

词语讲解需要技巧。目前比较重要的教学法是语素教学法、比较法。首先，介绍语素教学法。外国学生学习词语习惯从词的整体出发，知道词的意思，但不知道词中每个汉字都有独立的意义。例如，外国学生学过"鸡蛋"这个词，但他们不明白"鸡"的意思。因此，在词汇教学中，我们不但要练习词语的意义和用法，而且要重视语素拆分和语素间的组合规律，通过语素讲解生词能扩大与该语素相关的新词的范围。例如，在讲解"一定"时，我先让同学们理解"定"是表示固定的，那么"一定"就表示固定不变的意思。这样，当学生再碰到有"定"字的词语时，基本就可以认为是固定不变的意思。有学者认为，在词汇教学中，要重视学生词汇网络的成型，加强学生词汇库存。语素教学就是帮助学生增加库存的好方法。语素教学有助于扩大词汇量，帮助学生举一反三；还有助于引导学生了解现代汉语构词规律，有助于学生记忆。其次，比较法是通过同义词、近义词或反义词的对比和联系解释词义。在讲练词汇的过程中，可以有计划地给学生一些意义相反或相近的词语，也可以是旧词带新词。例如，"长"和"短"是一组反义词，"矮"和"低"是一组近义词。在比较法中，一些同义词或反义词是已经学过的词。在前面词语复现的基础上，引导学生对其意义有更深的了解。

（三）练习巩固

练习巩固环节是词汇教学中的重点和难点。词汇教学中，除了让学生了解词义，更重要的是学以致用。教师要事先准备好相关例句，告诉学生新学习的词在具体语境中该怎么用。设计例句时要考虑的因素有：首先要提供充足的语境。同时，列举的设计也应该考虑实用程度。教师可以以学生日常生活中可以接触到的口语和书面语中的句子为例句，这样会引起学生的兴趣，提高学习动力和积极性。此外，还要注意词语控制。教师在给学生例句时要考虑到学生的汉语水平和掌握程度，进行适度的复现。在例句中，可以出现之前学过的词，这样既达到了学习新词的目的，也复习、巩固了学过的知识。练习题的设计要做到随讲随练。汉语教材中的课后练习形式越来越丰富，更加注重灵活性、启发性和互动性。教师可以选择相应练习题让学生进行练习，检验学习成果。教师也可以根据自己的教学内容、教学难点、教学计划自行设计练习题。例如，练习"一定"的用法时，可以设计成打乱顺序的句子组合题，考查学生是否掌握了"一定"的用法和在句中的位置。

第三节　汉语语法教学

一、语法教什么

（一）语法的本体

要在短时间内掌握一门外语的语法，必须首先明确哪些语法是必须掌握的，哪些语法是需要一般了解的，学生了解这些之后才能顺利地进行学习。

（二）汉语和外语语法特点的异同

在教学过程中，比较汉语和外语在语法上的不同点能够激发学生的兴趣，有助于理解汉语语法。例如，汉语中存在词序问题，分为主谓宾，这些问题实际上与英语语法相似。但是，在定语位置方面，英语有时会把定语放在中心语之后，以避免头重脚轻。它与古代汉语定语后置有一些共同之处，因此在理解上没有很大的冲突。总之，借助母语语法特征进行第二语言的语法教学能让学生更容易理解和掌握汉语。

（三）学习者经常遇到的语法错误

对于学生在学习过程中经常犯的错误，教师应该重点讲解，学生应该准备一个纠错本，记录经常遇到的学习问题以便教师根据这些问题重点讲解。教师需要仔细观察每个学生的行为，总结他们经常犯的语言错误，并在下一次课着重纠正和讲解，这样学生才能取得更快、更大的进步。

二、语法怎么教

根据学习水平不同，我们把学习对象分为三类：初级（一二年级）、中级（三四年级）、高级（五年级以上）。

（一）初级阶段侧重基础语法教学

初级汉语学习者具备一定的词汇量，教师可以适当增加一些语法知识。在这个阶段，鼓励学生大胆发音，大胆讲话，大胆表达自己的思想。教师不能过分强调语法，这会打击学生学习汉语的热情。学生在表达观点时会或多或少地出现语法错误，这个时候，教师可以指出错误，并对语法进行适当的解释。同时，教师也可以在每一篇文章中添加一个重要的语法点，借助课文中的例句给学生讲解语法。最后引导学生将这些语法点连接起来，总结出一系列语法知识，达到巩固的目的。

（二）中级阶段侧重语义语法讲解

在初级阶段，以语法教学为主，几乎不强调语义。一个语法正确的句子可能在语义方面却无法解释清楚，所以在中级阶段语法教学上，要把语义的讲解作为重点。初级阶段主要是对句子语法形式的掌握，中级阶段是对句子内部成分的语义组合是否合理的掌握。对汉语学习者来说，这显然是一个进步。也就是说，学习者想要说出一句没有语病的汉语，首先就要看其句子的语法结构是否正确，其次就是检查句子每个部分的搭配是否符合汉语说话的习惯和逻辑。

（三）高级阶段侧重语用功能语法讲解

功能语法是使句子结构依赖于语境，而不是仅仅分析脱离语境的单个句子。依托一定的语境主要是为了使汉语句子的表达更加贴切。语境非常重要，每句话在不同的场景下可能表达完全不同的意思。因此，高级阶段学习者应该对汉语语法有深入的了解。有些句子的形式和语义无法讲通，通过高级阶段的语用知识讲解，便可达到豁然开朗的效果。

三、语法教学中存在的问题

对外汉语语法教学的研究硕果累累，同时也存在着很多不足。

首先，对外汉语语法教学的分歧很多，主要是由于各学者对对外汉语语法教学认识上的差异以及研究的角度不同。

其次，对于对外汉语语法教学的研究探讨大都角度单一、片面，大多是针对一些有一致性结论的，或者比较典型的语法进行讨论。比如句型的研究方面，很多都是关于"被"字句，"把"字句，缺少其他句型的研究，研究点太过局限。

再次，语法教学的本体研究理论已非常丰富，但对外汉语语法教学方面的研究还相对较少，虽然近年来受"汉语热"的影响，很多学者越来越关注对外汉语语法教学，但由于现实的局限，要想对对外汉语语法教学有所研究，就必须用实践加以体验，才能从根本上进行探索。尽管从事对外汉语教学的人为数不少，但真正进行研究的却没有太多，很多都在摸索中，成熟的、系统的对外汉语语法教学不能一蹴而就，还需要大量的实践加探索。

最后，在对外汉语语法教学上，不能把所有其他国家都看成一个整体的对外研究，而需要根据各国的不同情况进行教学、研究。早期的学者大多把对外当成一个整体，虽然后来的学者慢慢将其细化，逐渐关注各国之间的差异来研究对外汉语语法教学，但在这方面的研究还不够，需要更多更细化的研究才能更好地指导对外汉语语法教学。

第四节　跨文化交际与文化教学

一、跨文化交际的渊源

跨文化交际指的是来自不同文化背景的人们之间进行的一系列交际活动。跨文化交际学自 20 世纪 60 年代初始至 70 年代才正式成为众多学者重点关注和研究的对象。作为一门新兴学科，跨文化交际具有很强的交叉性，不同学科的学者用本学科理论解释跨文化现象的过程和结果，跨文化交际就是在这样不断的解释说明中逐渐衍生出来的。对跨文化交际影响最大的学科有人类学、心理学、语言学、社会学和传播学。

（一）文化人类学

文化人类学研究的是人类思维和巧为的文化。祖晓梅的《跨文化交际》中将文化人类学对跨文化交际的贡献归因于三个方面，即文化的定义、文化与语言的关系以及文化相对主义的态度。[①] 她认为人类学为跨文化交际的研究提供了广阔发展的土壤，将文化看作一种人类的生活方式，指出文化具有相对差异性，没有高低贵贱之分。

人类学知识对每一位研究跨文化交际的学者都是十分重要的。想要对于跨文化有更加深入的理解，了解和熟悉人类学相关知识是必不可少的，只有了解并充分掌握跨义化交际与人类学之间的渊源，搭建起二者之间的桥梁，才能真正在跨文化交际中有所建树，挖掘其中的真谛。

---

① 　祖晓梅.跨文化交际 [M].北京：外语教学与研究出版社，2015.

（二）跨文化心理学

顾名思义，跨文化心理学就是人们在跨文化交际的行为中产生的心理，它影响着人们的行为和言语，对跨文化的成功交际至关重要。作为文化学的一个分支学科，跨文化心理学首先从分析跨文化交际中的人出发，以交际者文化差异为尺度，发现各自价值观和交际行为的不同所产生的不同的心理反应并对其进行深入细致的研究分析，找出能够完成交际的有效途径。许多跨文化交际研究学者来自心理学领域，他们将跨文化交际中的跨文化心理学大致分为两个部分：一方面是主观文化，它主要研究交际双方的价值观、处事态度、信仰以及交际行为规范。另一方面是文化适应性，这是跨文化交际中重点研究的问题。一直从事文化适应问题研究的加拿大心理学教授约翰·白瑞结合心理学的知识，深入解析了文化适应的概念、过程、策略和后果，为后续学者进一步发现和研究跨文化交际提供了理论基础。

（三）语言学与语用学

语言学与跨文化交际之间也有着密切的联系。语言是人类最重要的交际工具，语言学家利用收集的语言材料解释跨文化交际中的问题，他们认为，与跨文化交际有密切关系的当属语用学，语用学专业研究的是语言的使用规则，涉及不同的文化。语境是语言学家在研究各因素对语言的影响中重点探讨的问题。语用主要研究的是语言使用的社会规则，换言之就是，人类如何使用语言，在什么情况下出于什么目的而使用某种语言。语用学更加注重语言对人类行为的影响，并直接对语言的社会文化以及语言的社会建构给予理论支撑。一些语用学家将语用学理论用于跨文化交际中，因而产生了关于礼貌语言的相关研究并在对外汉语教学中加以实践。

（四）民族社会学

社会学的理论知识为许多学者的跨文化研究提供了新的视角，他们结合当今中国的现状，运用社会学相关理论研究和挖掘跨文化交际内容。当今跨文化交际中所讲的社会环境下的角色关系、人际关系都源于社会学范畴。社会学认为，凡是交际中的人都会有一定的社会身份，它决定了交际的重要情境因素。跨文化交际常涉及民族社会学，因交际双方的背景不同，人们会以各自的社会背景为基础，这就将跨文化交际上升到了民族的程度。中国幅员辽阔，在发展过程中总会面临不同民族不同地域文化的冲突，如何化解冲突，尊重不同民族的文化，克服刻板印象与偏见是跨文化交际学必须关注的问题。

（五）传播学

有学者认为，跨文化交际是传播学的一个分支学科，作为专属的研究领域，传播学主要研究的是不同文化的人和群体之间存在的文化差异造成的交际障碍，传播学的主要理论可以为跨文化交际提供指导和借鉴。传播学者利用传播学的理论知识对跨文化交际进行研究，提出符合跨文化交际的理论和方法，他们编写的刊物和举办的研讨会议推动着跨文化交际的发展，这是传播学对于跨文化交际理论框架建构的影响。另外，传播学较其他学科对跨文化交际的理论影响更为深刻之处在于，它关注的是跨文化交际过程，即不同身份的人的交际过程，包括语言与非语言交际的研究和运用。

此外哲学、国际关系学，甚至军事学、生物学等都对跨文化交际产生了重要的影响，其中的很多理论知识都成为跨文化交际进步和发展的理论基础。

二、语言与文化

（一）关于语言

语言是社会的产物，是生活在社会的人类世代传承下来的符号系统。语言是个既普通又特殊的现象，普通之处在于人类每天都在使用语言，特殊之处在于，它与其他任何一种社会现象都不完全相同，它的产生和发展，与思维、社会等一些因素到底有什么关系，它的哪些规则具有适用性，哪些又该淘汰，人类应该怎么使用语言等，都是难以解决的问题。有了语言，人类才能传递和接收信息，共同生活、生产，语言成了社会不可或缺的因素，在人类生活中发挥着重要的作用。语言与社会生活、文化教学之间有着千丝万缕的联系，语言是交流的工具，对外汉语教学中的语言教学指的是以交际为目的，即利用特定的语言形式和手段完成交际目的和表达的需要。

（二）关于文化

追根溯源，研究跨文化交际应该从文化谈起。"文化"这个词在很早就有所提及，许慎的《说文解字》中对"文"是这么定义的："文，错画也，象交文。"最初指的是文字、文章之意。后来又在"文"的含义中加入了礼乐制度、法律条文的解释意。"化"多将其理解为"教化"。刘向的《说苑·指武》提及"凡武之兴，为不服也，文化不改，然后加诛"。这里将文和化合为一词，意思与武功相对，这就是文治与武治的治国之道了。直至清代，顾炎武将文化概念进一步扩大，他的《日知录》"自身而至于家国天下，制之为度数，发至为音容，莫非文也。"意思是说从个人的言行举止到天下大事都应该是文化的范畴。文化一词后来被日语借出作为英语 culture 的对译词使用，再后来现代汉语对文化又有了吸收，才使汉语中的文化与英语的 culture 真正产生了联系，在文化的基础上又派生出"文明、教育"的意义。现代汉语给了"文化"明确的概念，把它分为广义和狭义。从广义上讲，文化包括精神层面和物质层面，它是人类在历史发展过程中所获得的物质财富和精神财富的总和。狭义的文化集中在精神层面，是指社会的意识形态、风俗习惯、用语规范以及相应的社会制度和社会组织。

近现代的文化作为一种社会现象，是通过人类交流沟通和一系列的社会活动产生的，文化作为一个复杂的系统，学术界对它的解释在原有的基础上根据自己的学科特色对其进行了进一步的解释和说明，"文化"在对外汉语教学领域尤为重要，它既影响文化教学内容的选定，又影响对外汉语教材的编写和选定。

（三）语言与文化的关涉性

礼仪习俗的规范和交际规则因文化而异。在跨文化交际中，这种文化差异会导致文化误解和文化冲突，而文化误解和文化冲突的表现一般都是语言导致进一步恶化，文化和语言的关涉性要求对外汉语教学必须把语言教学作为第一重任。语言教学的根本任务是把语言教好，而不是教哲学、文学、历史或其他任何学科。语言教学不可避免地涉及一定的文化内容，必然包括一定的文化教学，而文化因素教学必须为语言教学服务。

文化是语言赖以生存的根基，语言是文化的载体。人类产生伊始，最先创造的就是文化，文化是群体生活的依据。从原始社会的结绳文化到当今的社会文化，这些包括群体、地域、性别等文化都渗透着当时的世界观、人生观与价值观，它们都是人类弥足珍贵的宝藏。记录着这些文化的语言随着人类的不断发展应运而生，人类语言是一种有声语言，用声音形式来表示意义，人类通过"听"这个具体途径来感知和理解话语。语言作为文化的一个重要部分，记录了人类文化，文化的保存和传承都要依靠语言来完成，它们之间是相互影响、相辅相成的。

文化是连接语言和世界的中介物，世界上的语言有几千种，这些语言都有着各自的特色，但也有相通之处。语言用于交际就衍生出了交际文化用语，对于交际文化用语，人们都遵循着约定俗成的规范，注意用礼貌用语调剂人际关系，这就是世界文化的共性。礼貌用语在研究文化与语言关涉性中至关重要，因为文化的不同，人们的交际行为和礼俗规范也有很多的不同之处。

在对外汉语不断发展的时代背景下，跨文化交际应运而生。在跨文化交际的过程中不仅有因为文化差异而造成的交际障碍，而且文化之间也会互相影响，彼此交融。所以在跨文化交际中要积极培养自己以"情感—认知—行为"为模式的跨文化交际能力，才能收获到更好的跨文化交际效果。

三、跨文化交际与文化教学的联系

随着中国文化和汉语热的再度升温，对外汉语教学事业发展迅速，逐渐得到国内各界的重视。对于国内汉语课堂的留学生来说，如何让他们更好地学习汉语、了解中国成为进一步需要解决的问题。为了更好地培养学生运用汉语进行交际的能力，我们需要关注并在对外汉语课堂上引入跨文化交际。

（一）跨文化交际的内涵

现实课堂上我们会按部就班地教授学生字词、课文、语言点等，然后带领学生做练习、巩固复习和讲授新课。学生除此之外并没有掌握其他更多的尤其是跨文化交际的知识。这也是一部分学生学了几年汉语之后不能用所学语言很好地与人交流的原因之一。据刘珣《对外汉语教育学引论》中所描述的，我们来探讨以

下几点原因 ①。

1. 文化的差异与交际障碍

由于交际双方的文化背景不尽相同，在交往时就会产生语言理解和运用的偏差，形成交际障碍。也就是说文化差异影响语言交际。

2. 交际原则与价值观念

人与人的交流想要顺利进行下去就要遵循一定的交际规则。比如格莱斯的合作原则和利奇的礼貌原则。但是实际上不同文化背景的交流是存在差异的。东西方文化的鸿沟使得交往受到不同价值观的制约。不同文化有不同的交际原则与相应的价值观念，这是不可否认的。我们的任务就是使交际双方互相理解、接受差异，并顺利达成交际。

3. 母语文化的思维定式和对异文化的成见

人们所接受的文化都受到传统的熏陶，传统文化成为我们优先的选择，并理所应当地成为我们思维方式中的主要部分，我们很容易产生母文化的思维定式和对母文化的优越感，所以会理所当然地认为别人也应当接受或是理解自己的文化。这种定势或偏见就会影响双方的交际。这是影响人与人交往的巨大障碍，如果不主动打破这种僵局，培养语言认同感，就无法顺利进行交际。

4. 交际过程中的相互接近和求同趋势

这一趋势启示我们在交际时考虑到对方的文化特点，为了达成交际而主动向异文化靠拢。典型的例子就是如果中国人听到外国人说中国话，会想方设法地不停猜测他的意思或者让自己的表达使对方更容易理解。这是有助于语言交际的，是值得提倡的。

---

① 刘珣. 对外汉语教育学引论 [M]. 北京: 北京语言文化大学出版社, 2000.

5. 交际的结果：文化的相互影响

无论是社会还是个人，在平等的基础上交流不可避免地会受到对方的影响，经过相互磨合从而达成一致、共同发展，这也是交际双方所希望的。

（二）跨文化交际与课堂教学相融合

说到融合，首先想到的就是将二者有理有序地联系起来。不是将性质不同毫无关系的两个事物硬绑到一起，而是将本来就有内在联系的而且又相互影响的两者加以应用。课堂教学应该融入跨文化交际的相关知识，目的是更好地辅助学生运用汉语进行交际。

1. 从语言点讲解切入

在讲解具体的语言点时，我们要说明它在什么样的情况下使用。比如，讲"是……的"句时，告诉学生它多表示强调，中间可以是时间、地点、对象等，还应该创设语境或者现场示范，带领学生进入比较真实的交际环境中来使用这一句式。同时告诉学生，中国人一般就是在这种场合中使用这一句式的。

2. 从交际练习切入

在带领学生做相应的交际训练时，如果发现学生出现使用错误，不仅要从语言结构上纠错，还要从学生的使用环境中纠正学生的偏误。运用身体反应或是其他方法让学生感知到其用法不符合中国人的文化习惯。久而久之学生就从中感悟到中国人交际的特点了。

3. 从导入切入

导入环节是对外汉语课堂中课堂教学的重要一项。教师可以在每堂课的导入中根据学生的汉语水平设计一个小幽默，如果学生似懂非懂，或是有的学生笑了，而有的没有反应，就可以让笑了的同学站起来给大家解释一下，之后教师再根据其内容做适当补充说明。

4. 设立专门课程

为留学生单独开一门跨文化交际的课程，形式可以多种多样。不必拘泥于使用一种授课方法。比如教师课上播放视频案例供学生观看，之后教师讲解，课后布置任务让学生课下实践并反馈。教师可以分析问题所在，在下节课开始时进行解释。另外也可以布置任务给学生，让他们做社会调查，鼓励他们去交际，增加有效的、真实的训练。

跨文化交际在对外汉语课堂中可以并且应该占据重要的位置，我们提倡教学中引入跨文化交际的内容，也希望能够帮助学习者在学习基础知识和基本技能的基础上逐步学会与中国人交流，更好地理解中国文化，真正做到学以致用。

参考文献

[1] 崔式蓉. 对外汉语教学研究 [M]. 延吉：延边大学出版社，2019.

[2] 高燕. 对外汉语词汇教学 [M]. 上海：华东师范大学出版社，2019.

[3] 贾凤蓉. 对外汉语教学中汉英成语对接研究 [M]. 成都：四川大学出版社，2014.

[4] 李立冬. 基于文化的对外汉语教学创新研究 [M]. 长春：吉林人民出版社，2023.

[5] 李娅菲. 现代汉语语法及对外汉语教学策略 [M]. 长春：吉林教育出版社，2021.

[6] 林茂灿，李爱军，李智强. 汉语语调与对外汉语教学研究 [M]. 北京：中国社会科学出版社，2020.

[7] 刘巍，张冬秀，孙熙春. 对外汉语教学理论与实务 [M]. 北京：清华大学出版社，2017.

[8] 刘晓军. 对外汉语教学策略研究 [M]. 长春：吉林教育出版社，2019.

[9] 罗艺雪，徐亮，李月炯. 面向对外汉语教学的称谓语研究 [M]. 成都：四川大学出版社，2018.

[10] 潘伟斌，聂敬磊，李晓蕾. 对外汉语教学实践研究 [M]. 北京：中国纺织出版社，2020.

[11] 邱睿等. 电视节目与对外汉语教学研究 [M]. 杭州：浙江大学出版社，2019.

[12] 冉晓丽. 对外汉语教学与文化艺术传播 [M]. 长春：吉林美术出版社，2017.

[13] 王海燕. 二语习得与对外汉语教学探究 [M]. 郑州：郑州大学出版社，2019.

[14] 王晓岚. 对外汉语教学理论实践探索 [M]. 长春：吉林出版集团股份有限公司，2020.

[15] 魏龙欣. 跨文化视域下的对外汉语教学探索 [M]. 北京：九州出版社，2020.

[16] 张丁煜，殷淑文，王禄芳. 文化视域下的对外汉语教学研究 [M]. 北京：线装书局，2022.

[17] 张宁. 跨文化交际与对外汉语教学研究 [M]. 南京：江苏凤凰美术出版社，2018.

[18] 张占一. 对外汉语教学与交际文化探索 [M]. 北京：北京语言大学出版社，2019.

[19] 赵春利. 对外汉语教学语感培养研究 [M]. 北京：中国社会科学出版社，2018.

[20] 赵娟. 对外汉语教学传播路径与跨文化交际模式探究 [M]. 北京：中国水利水电出版社，2019.

[21] 赵文书. 对外汉语教学与研究 [M]. 南京：南京大学出版社，2019.

[22] 韩美然，窦焕新.对外汉语教学中的菜肴词汇教学研究 [J].科教导刊（电子版），2022（21 期）.

[23] 贾伞伞.浅谈对外汉语教学中动态助词"着" [J].科教导刊（电子版），2022（9 期）.

[24] 蒋海英.对外汉语教学中的语境应用研究 [J].林区教学，2020（8）：54-56.

[25] 金贵川.美国"5C"标准与对外汉语教学 [J].长江丛刊，2020（20）：53-54.

[26] 李兰兰，阮咏梅.汉语方言与对外汉语教学研究进展及思考 [J].云南师范大学学报（对外汉语教学与研究版），2022（3）：86-92.

[27] 李莲.情境教学在对外汉语教学中的应用策略探讨 [J].科学咨询，2022（8）：122-124.

[28] 李泉.中国对外汉语教学七十年 [J].语言战略研究，2019（4）：49-59.

[29] 李晓哲.对外汉语教学中的"翻转课堂"[J].文教资料，2020（17）：34-35.

[30] 刘军，尚杰.文化视域下的对外汉语教学研究 [J].成长，2020（10）：46.

[31] 刘侨.全身反应法在对外汉语教学中的应用研究 [J].延边教育学院学报，2023（3）：46-49.

[32] 刘衍军.对外汉语教学跨文化传播中国形象的策略探析 [J].教书育人，2022（12）：110-112.

[33] 马红艳.对外汉语教学中传统文化教学难点及建议 [J].文教资料，2023（7）：203-205.

[34] 屈济群，桑静银.对外汉语教学用词表的多元化与动态更新 [J].新教育时

代电子杂志（教师版），2023（24）：147-149.

[35]肖井聪.高校对外汉语教学中多媒体技术运用[J].新教育时代电子杂志（学生版），2022（3）：151-153.

[36]肖井聪.高校对外汉语教学中中国文化教学的新路径[J].新教育时代电子杂志（学生版），2022（25）：151-153.

[37]徐丰.地域文化推广视角下的对外汉语教学[J].科教文汇，2023（18）：91-94.

[38]徐晶晶.对外汉语教学中的主语和话题[J].成才，2022（5）：77-78.

[39]薛霄琳.二语习得理论在对外汉语教学中的应用[J].创新创业理论研究与实践，2023（15）：151-153.

[40]由田.面向对外汉语教学中高级阶段的困境与对策[J].通化师范学院学报，2022（7）：41-48.

[41]于程.基于跨文化理念的对外汉语教学策略探究[J].品位经典，2023（21）：155-157.

[42]臧胜楠.汉语的节奏与对外汉语教学[J].华侨大学学报（哲学社会科学版），2019（3）：145-152.

[43]张飞祥.对外汉语教学中"讲好中国故事"的路径探析[J].文山学院学报，2023（1）：104-108.

[44]张立坤，黄天娥.对外汉语教学中的中国情怀培养策略研究[J].河北青年管理干部学院学报，2024（1）：75-80.

[45]赵婧.对外汉语教学中关于吟诵教学的建议[J].智库时代，2022（10）：177-180.

[46] 赵亚文，杨娜.论对外汉语教学中的文化导入 [J].牡丹江教育学院学报，2021（2）：79-84.

[47] 朱丽娟.面向对外汉语教学的动词配价研究 [J].新教育时代电子杂志（学生版），2022（45）：99-101.

[48] 朱依.对外汉语教学中的茶文化教学 [J].文教资料，2021（15）：220-221，210.